協力災害治理：

韌性系統建構與網絡管理策略

王俊元 著

Collaborative Disaster Governance:

The Building of Resilient System and Network Management Strategy

五南圖書出版公司 印行

序

　　1999年921大地震撼動了整個台灣，它不但是災害管理發展的重要轉折點，也讓當時初入研究所的我留下幾個深刻印象：首先是半夜走在路上時剛好地震發生，看到整個路面呈現扭曲波浪狀，我嚇了一大跳趕緊躲到一旁的建築物樑柱。沒多久東海別墅附近整條街上的居民幾乎都衝了出來，從表情看得出來大夥兒都在想，到底發生了什麼事？之後幾天餘震不斷，搖晃程度讓在七樓的我第一個念頭是，大樓會不會像921當天一樣震垮了，而在缺乏堅固家具的小套房中，我又該做些什麼來保護自己呢？待假日回到台北五分埔，晚上到倒塌的東興大樓附近看到怪手、探照燈及許多人不眠不休地在搶救受困民眾，第一次真實且近距離的感受到地震所帶來的威力與影響。

　　2004年12月的南亞海嘯，讓印度洋周邊許多國家受到重創，20多萬條人命也因此喪生。隔年8月攻讀博士班的我有機會到美國Duke大學進修，便以全球減災為研究議題，並以南亞海嘯為主要案例作為博士論文的方向，自此和危機與災害管理的研究正式結緣。從公共行政的角度來參與相關領域的研究，個人初期自然會以政府在災害管理所具有的職能為焦點。隨著公共治理研究議程的推進以及其他國內外重大災害接連的發生，讓各界開始體會到協力和跨域的重要性。目前學理上協力治理的研究面向相當豐富，包含參與動機、協力目標形塑、互動管理策略，以及協力成效等。在此非常感謝科技部對個人兩個專題計畫的補助（計畫編號：104-2410-H-015-005-MY2、106-2410-H-015-006-SS2），讓我有機會以更具系統性的角度與方法來探討協力災害治理的議題。

　　20年過去了，日前在921地震的紀念活動上，有人問到若再來一次921大地震，現在的台灣做好準備了嗎？部分學者專家回應認為我們有逐漸變好，但是面對未來災害發生的挑戰，當然還有許多進步空間。個人投入危機與災害管理相關研究的10餘年來，對許多學界與實務界師長、好友們的鼓勵與指導銘記在心。警大提供公共行政以及災害管理研究的資源，也是讓本書成形的養分。當然父母、老婆惠芝、女兒立澄及親友們的支持與陪伴，也是我努力的主要動力來源。對於五南圖書劉靜芬副總編輯及同仁們，還有我研究團隊的夥伴、助理們也致上深深的謝意。在這麼多人的加持下，我也期待未來在這領域，能夠不斷持續學習、成長及有所貢獻。

王俊元 謹誌於桃園‧警大誠園

2019年9月

目錄

圖目錄

表目錄

第一章

導　論

第一節 研究背景

自1980年代起，政府災害管理的相關研究在公共行政領域的發展已逐漸受到重視，例如1985年美國公共行政評論期刊（Public Administration Review, PAR）特別出版了「緊急應變管理：公共行政之挑戰」（Special Issue: Emergency Management: A Challenge for Public Administration）專刊，突顯出危機管理在公共行政學界之重要性。由於各種災害已逐漸成為公共問題，並也無可避免的成為當代政府政策及治理的關鍵議題（Schneider, 2011）。聯合國國際減災策略總署（United Nations International Strategy for Disaster Reduction, UNISDR）的報告中曾指出（UNISDR, 2013）[1]：

> 「災害」一般被持續概念化地認為是外部對於正常運作經濟體的衝擊。危險與不可逆轉的氣候變化，也是由於不斷增加的和水文氣象災害風險有關之經濟過程所產生的……除非這些驅動因素得到解決，否則在未來數十年與氣候相關的以及其他形式的物質和經濟損失都將大幅增加，在減少相關死亡人數方面所取得成效也可能停止不前，甚至出現逆轉，同時對社會福祉、經濟增長、食物安全和環境健康的影響也將威脅國家、企業和社區的生存能力和永續性。

從許多國家的經驗來看，過去40年來政府在危機管理中所扮演的角色已愈來愈重要（Rosenthal and Kouzmin, 1997: 287；丘昌泰，2000）。例如美國於1979年成立了「聯邦緊急管理總署」（Federal Emergency Management Agency, FEMA）[2]、日本於1961年通過了「災害對策基本法」

---

1 原文為："disasters generally continue to be conceptualized as external shocks to normally functioning economies. Dangerous and irreversible climate change is generated by the same economic processes associated with increasing hydrometerological disaster risk... Unless these drivers are addressed, in coming decades climate related and other physical and economic losses will dramatically increase, gains in reducing mortality may stall or be reversed, and impacts on social welfare, economic growth, food security and environmental health will threaten the viability and sustainability of nations, enterprises and communities." (UNISDR, 2013, accessed on 2014/11/22)

2 FEMA於2003年元月併入新成立之國土安全部（Department of Homeland Security）。

（Disaster Countermeasures Basic Act），以及德國於1968年制訂的「擴大災害防救法」（Gesetz über die Erweiterung des Katastrophenschutzes），還有台灣於2000年7月19日公布的「災害防救法」等，皆是期望政府部門在防救災體系運作上有更好的發揮。

2005年1月18日至22日聯合國曾在日本神戶召開第二屆的「世界減災高峰會」（World Conference on Disaster Reduction, WCDR）[3]，會議通過三項具體決議：1.兵庫宣言（Hyogo declaration）、2.兵庫行動綱領（Hyogo Framework for Action 2005-2015）及3.全權證書委員會的報告。兵庫宣言包含幾個關鍵內涵，例如政府的角色與減災之各方利害關係人參與工作之必要性，這些參與者應該包括政府、區域組織、國際組織、金融機構與私部門，及非政府組織（Non-governmental Organizations, NGOs）與科學部門。此外，減災必須進一步加強國家和「社區」（communities）的抗災能力。為落實上述的減災理念，本次峰會亦通過了《2005-2015年兵庫行動綱領：建構國家和社區的抗災韌性》（Building the Resilience of Nations and Communities to Disasters）（詹中原，2013：76）。本次WCDR會議後，學術界也逐漸關注到「協力災害治理」（collaborative disaster management）的議題，論者分別從協力（collaboration）（Kapucu, 2008）、網絡（network）（Moynihan, 2009），以及公私協力（public-private-partnership）的角度來探討災害的預防與應變（Chowdhury, 2011; Medury, 2011）。

2015年3月聯合國在日本仙台（Sendai, Japan）舉辦第三屆全球減災高峰會（Third UN World Conference on Disaster Risk Reduction, WCDRR）[4]。

3　第一屆「世界減災高峰會」（World Conference on Natural Disaster Reduction, WCNDR）於1994年5月23日至27日於日本橫濱（Yokohama）召開。

4　1989年，聯合國大會通過了「國際減輕自然災害十年的國際行動架構」（A/RES/44/236）；1994年，第一屆世界減災高峰會通過了「橫濱戰略和行動計畫：建設一個更安全的世界」；1999年，聯合國大會批准了「國際減災戰略」（A/RES/54/219）；以及2005年，在日本神戶舉行的第二屆世界減災大會上通過了「2005-2015年兵庫行動架構：構建國家和社區的抗災力」（HFA）。2012年，聯合國大會（A/RES/67/209）決定召開第三屆世界減災大會，審查《兵庫行動架構》的實施情況，並通過「2015年後減災架構」（Post-2015 Framework for Disaster Risk Reduction）（UNISDR，網址：http://www.wcdrr.org/resources/announcements#10，瀏覽於2014/11/20）。

會議之前聯合國國際減災總署（UN, 2015: 3，瀏覽於2016/1/15）中的報告
即指出：過去十年全球各地的災害持續發生且造成重大傷亡，使得民眾、
社區和政府受到嚴重影響。據估計至少造成了70萬人死亡、超過140萬人
受傷、2,300萬人無家可歸，其中經濟損失則超過1.3兆美元。該屆大會
之後所提出了聯合國的「2015年後減災架構」（Post-2015 Framework for
Disaster Risk Reduction），再加上隨著危機與災害管理學術領域的發展，
吾人也關注到公共危機已並非僅能由公部門來進行預防或處理。

　　隨著工業化與科技的發展，當代人文與自然環境的關係日益細緻而
脆弱，同時都市化的趨勢造成人口高度集中與過度開發等現象，增加了
災難對人類社會的衝擊，使隨災而來的變—包括變異性（fluidity）與模糊
性（ambiguity）等面向，更難藉由常態性的社會運作模式來控制（湯京
平、蔡允棟、黃紀，2002：139）。在此發展趨勢下，當前災害防救也經
常涉及到不同單位甚至是不同部門的行動者參與行動，在此過程中難免
因見解相左而產生衝突，因此亟需透過制度安排，在公私部門間建立一
個「協力關係」（collaborative relations），以利促進合作互惠之行為（陳
恆鈞，2008：40）。進一步而言，在危機的狀態中，經常需要政府機關
（intergovernmental）及跨部門間，如與參與救災的非政府組織（NGOs）
或民間組織（civil organizations）的互動與協調，期以達到救災及災後復
原的政策結果（Benson, Twigg and Myers, 2001; Mushkatel and Weschler,
1985; Rubin and Barbee, 1985）。

　　由於公共治理的過程中有愈來愈多元的行動者參與，協力治理的概念
也逐漸受到重視。Kooiman（1993: 22）曾經指出，在政策執行過程中，
沒有一個行動者能夠擁有足夠知識處理日益複雜的問題；因此，新治理
模式需要公私部門合作以組成不同網絡，共同分擔責任且相互授予權力
與能力，如此方能達到政策的最佳結果。政府在災害管理上角色功能的
變化，也反映了災害管理將邁向「協力災害治理」之趨勢（Kuo, Wang,
Chang, and Li, 2015），相關研究也開始強調協力關係的制度性安排與實
踐，例如建構災害韌性系統（disaster resilience system）（Comfort, Boin,
and Dechak, 2010; National Research Council, 2010），或網絡管理（network

management）等議題（Klijn, Steijn, and Edelenbos, 2010; Rethemeyer and Hatmaker, 2008），也逐漸成爲災害管理領域關注的焦點。

第二節　研究動機與問題

　　協力災害治理的議題在近年已受到重視，黃忠發等人（2012）曾指出，政府與非政府雙方之互動已成爲未來災害防救時勢之所趨，如何妥善運用非政府組織之資源，乃是災害管理之重要議題。基於此動機，該研究探討非政府組織與政府災害防救之互動關係，並指出在建立信任的默契及增進合作關係中，政府與非政府組織災害防救資訊平台的建置不僅有利資源互補及專業人力充分發揮，而且可藉由增加雙方互動頻率及資訊分享，來提升雙向溝通。此外，謝儲鍵等人（2016）的研究從緊急災害協力網絡中，探討組織動員與資源分配的政策執行參與情形，並且試圖了解非政府組織在救災協力的整體網絡（whole network）及個別組織互動網絡的連接關係。這些研究呈現了協力災害治理互動較爲良好的一面。

　　然而，本書最主要的研究旨趣，在於從協力災害治理的實際運作來看，眞的都是如此的順暢嗎？例如，2014年的7月底高雄市發生了嚴重的石化氣爆。該市消防局於103年7月31日20時46分接獲民眾通報高雄市前鎮區、苓雅區交界多處水溝有冒白煙，疑有不明氣體外洩現象時，並有疑似瓦斯味，隨後於7月31日23點56分，自三多路衛武營附近－凱旋路－一心路－光華路－中山路口發生石化氣爆，同時引發強烈燃燒，本案共有32人死亡、321人輕重傷，1,249戶受損建築物申請安全鑑定，汽、機車1,000餘輛毀損。在災害應變過程中，要切斷供氣，必須先確認管線權屬。消防局於20時47分陸續通報市府相關局處（警察局、經濟發展局、捷運局、環境保護局、工務局、水利局）及欣高瓦斯、中油、中石化及李長榮化工等事業單位派員進駐現場指揮中心（凱旋三路和二聖一路口），並搜尋現場洩漏管線地點及種類以止漏，惟當時相關事業單位均表示非爲該單位管線洩漏。根據104年3月4日監察院104財調0004號的調查報告顯示，本案在公部

門與私部門間地下管線的圖資建置、資訊勾稽，以及高雄市政府相關單位的橫向聯繫等事項有所不足（監察院，2015，瀏覽於2019/5/15）。

又如2015年2月4日，復興航空編號235由台北飛往金門班機不幸在台北基隆河附近發生空難，總共造成43人死亡、17人受傷。由於墜機點在台北市南港、內湖與新北市汐止交界處，第一時間兩個直轄市政府相關單位的首長均前往現場並指揮救災。根據我國災害防救法，空難的主管機關為交通部，除了協調救災外，也負責事後調查。救災過程中為了讓大型吊車進入到基隆河畔救災，台北市政府與新北市政府皆聲稱是他們副市長下令拆掉水門讓吊車能夠即時進入的（TVBS，2015/2/5，瀏覽於2019/3/20）。跨政府間協力救災出現溝通協調的問題在國外也出現相關的例子，例如2005年Katrina颶風襲擊美國紐奧良市（New Orleans）時，美國聯邦政府、州政府以及地方政府對於各自該負責的工作產生了疑惑。州長認為美國聯邦緊急管理總署（FEMA）應該運走遇難者的屍體，而FEMA則認為那是州政府的責任。紐奧良的市長要求國民警衛隊應該讓民眾強行撤離家園，然而聯邦政府卻認為這個應該是當地執法機關應該處理的問題（Lindell, Prater, & Perry, 2007）。

跨部門間協力救災互動的議題近年來也逐漸受到大眾關注，例如2016年2月6日農曆小年夜，高雄美濃區凌晨發生規模6.4的地震，造成台南市多處大樓傾斜、倒塌，其中維冠金龍大樓全部倒塌造成嚴重災情。救災過程中全台各縣市搜救大隊、義消等投入近千人參與救災，然而媒體報導指出，由於官方與民間的搜救體系與運作不同而容易導致摩擦，其中最受到矚目的即是中華民國搜救總隊突然於2月11日晚間宣布撤離搜救現場，並表示搜救過程屢遭阻擋。另一方面，台南市消防局則表示感謝所有救災隊伍，只要跟各區指揮官報備協調人力後，都可以投入搜救工作（ETtoday新聞雲，2016/2/11，瀏覽於2019/3/20；自由時報，2016/2/12，瀏覽於2019/3/20）。這些協力災害治理互動所可能產生的問題，以及該如何解決則成為本研究主要之動機。

上述的案例突顯出儘管政府在危機的過程中扮演重要角色，然而政府或官方的權威並非不能挑戰，其角色也不似傳統上的具體且單一

（Rosenthal and Kouzmin, 1997: 287）。進一步言，在災害治理的過程中，常指涉到政府機關跨單位、跨機關、或跨政府層級的互動，而跨部門合作（cross sector collaboration）的互動與協調，例如非政府組織或民間組織參與災害防救也日益重要（Benson, Twigg and Myers, 2001; Mushkatel and Weschler, 1985; Rubin and Barbee, 1985）。據此，本書即在探討兩個主要的研究問題：

1. 如何有效建構協力災害治理之系統？建構協力災害治理系統需要具有哪些關鍵要素？
2. 協力災害治理參與者有哪些互動策略？這些策略對於協力災害治理的成效又有何影響？

第三節　研究範圍與途徑

一、研究範圍

　　從政府部門的角度來看，協力治理的類型與範圍至少可分為四種，分別為政府內部治理（internal governance）、水平的府際治理（horizontal intergovernmental governance）、垂直的府際治理（vertical intergovernmental governance），以及跨部門協力治理（cross sectoral governance）（陳敦源，2002；陳志瑋，2004）。基於下列的理由，本書的研究範圍將聚焦在跨部門的協力治理關係。

　　首先，隨著政府決策過程中利害關係人逐漸增加，跨部門網絡治理的議題也日益重要。Rhodes（1996: 659）將治理定義為一種自主組織間網絡（self-organizing inter-organizational networks），它同時跨越了公、私和自願等三個部門。依此角度觀之，政府應善用並整合這三個部門各自運作機制之特質以及優勢，以有效發揮彼此間不同的利基組合。特別是公共行政學者長期以來持續深入探索的「公私協力」理念與實踐，更

是跨部門治理的具體展現（李伯諭，2011：42）。此理念能具體實踐的關鍵，在於政府應積極尋找公共事業夥伴共同輸送公共財貨與服務，並且扮演積極角色主動建立政府與民間跨部門的合作關係，讓公民主動經營公共事務並且養成公共治理能力（李宗勳，2007）。易言之，社會已趨向多元發展，人民自主意識也已大幅提升，這使得傳統之國家治理與公民社會的關係產生質變，政府管理與政策制定過程不若以往僅強調垂直階層命令式（hierarchical）的權威體系，取而代之是轉變為更加強調多元之公民意識價值與權力分享（power-sharing），並尋求維持統治的正當性（legitimacy）與公共利益（public interest）（Kettl, 1993: 202）。

此外，從災害管理的角度來看，近年來除了上述台灣的重大災害案例之外，國外亦有不少大型災害發生時均有來自公部門、私部門及非營利部門的參與者協力救災與進行重建工作，在過程中也發現跨部門的協力災害治理仍面臨到多頭馬車、指揮體系紊亂、資源分散缺乏整合及衍生浪費的問題。例如2005年美國的Katrina颶風（Waugh Jr. and Streib, 2006; Farazmand, 2007）、2008年中國大陸的汶川地震（王多芳，2009）、2011年日本的311地震與海嘯引起的災情等（Samuels, 2013），皆點出了在面對巨災的情況下，透過跨部門的協力合作並整合政府、企業、非營利組織，以及社區等各界的人力與資源來提升救災與重建成效之重要性，而這些都是目前協力災害治理所應關切的關鍵議題。

二、研究途徑

本書的研究從下列三個角度切入來探討與協力災害治理相關之議題，分別為系統途徑、個案研究途徑，以及實證研究途徑，茲分述如下。

（一）系統途徑

此途徑強調投入、轉換、產出、環境因素及回饋等系統運作要素，是分析設計與控制各項行政活動的最好途徑（吳定，2003：30-34）。基此，本書主題協力災害治理可區分為三個系統運作的要素，首先在投入

面，涉及到協力網絡的形成，亦及討論如何建構社區災害韌性系統。其次，轉換面則著重在協力網絡多元參與者不同的互動策略，最後系統的產出面則是協力災害治理的成效。當然，在此系統中亦有環境及回饋的兩個面向，整個協力災害治理的系統論觀點如圖1-1所示。

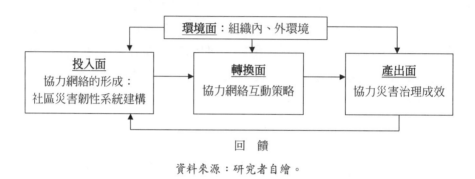

資料來源：研究者自繪。

圖1-1　本書所採取的協力災害治理系統論觀點

（二）個案研究途徑

　　本途徑係研究人員藉由檢定特定個案，來對個案進行特殊的理解（idiographic understanding），期以形成更普遍、通則性的理論基礎（Babbie著，林秀雲譯，2016：466）。Barzelay及Thompson（2010：S296）曾指出，在設計科學中，個案導向研究（case-oriented research）一直是社會科學研究長期以來的優勢，亦讓研究者可以在最大限度中深入了解特定的情況。據此，本書選定了近年來在台灣受到高度重視的2014年高雄氣爆，以及2016年2月6日高雄美濃（台南）地震為案例，從協力災害治理網絡共同目標的形成、協力災害治理互動策略以及成效等面向來進行分析與檢視。

（三）實證研究途徑

　　此途徑強調對行政與政策問題所涉及的各項變數進行科學的、統

計的、量化的研究分析（吳定，2003：30-34）。本書的研究以循證
（evidence-based）為基礎，透過深度訪談與問卷調查實證資料與數據之分
析，亦能夠更聚焦的來提升災害防救能量。研究成果除了能夠提供參與協
力災害治理利害關係人重要參考，也期望透過組織學習及知識擴散方式，
進一步提供公、私部門未來在相關機制建立及改革上之建議。

第四節　本書章節安排

　　本書共分七個章節，第一章開宗明義點出協力災害治理對於當代治理
的重要性與迫切性，並具體闡述本研究的兩個主要研究問題。在明確界定
研究範圍與說明研究途徑之後，第二章至第四章為文獻回顧。第二章說明
協力災害治理的發展，從1980年代公部門災害管理的議題在公共行政領域
逐漸受到重視談起，再將焦點與系絡放置在台灣相關體系的發展上。本章
也點出了協力治理的概念如何影響到災害管理的領域，隨後本章也界定了
幾個參與協力災害治理的重要利害關係人，包含有：公部門、執法機關、
非營利組織／民間團體與私部門等，並探討多元協力參與者在災害治理過
程的要素與模式。第三章探討災害協力治理的目標，從災害治理的角度來
看，此種共同目標是奠基在災害韌性系統的建構。換言之，在風險社會下
並非要完全阻絕災害，而是在各種災害的風險下，協力災害治理的那些
多元參與者在系統中能夠知道什麼時間點該做些什麼事（Who should do
what at when?），以期社區或社會在災害的威脅與破壞下能夠迅速地恢復
到災前的狀態，甚至在下一次的災害來襲之前能有更好的準備。據此，本
章檢視了災害韌性的意涵、災害韌性的能力培養，以及社區災害韌性系統
的概念與相關要素。當社區災害韌性系統初步建構起來之後，第四章即在
討論協力網絡的互動，也就是析探協力災害治理的多元行動者，在網絡管
理中應該採取何種策略才能增進彼此互動的成效。本章中介紹了協力網絡
的概念、協力網絡的互動關係與策略，以及協力網絡管理策略及成效之間
的關係。

　　第五章及第六章分別探討發生於2014年的高雄氣爆個案，以及發生於2016年的高雄美濃（台南）地震個案。兩個案例分屬人為災害與天然災害，卻皆為社會帶來重大的傷亡與經濟損失，同時政府、民間、企業等各機關單位也紛紛投入災害救援以及復原重建的工作。這兩章中各自檢視了個案的背景與經過，分別說明質性與量化資料蒐集的過程與方法，並就案例中社區災害韌性系統建構，以及協力災害治理網絡管理策略與互動成效做出分析與討論。本書的第七章為結論，除了對近幾年協力災害治理的理論與實務進行綜合性的評述之外，也對本議題未來性的發展提出看法。

第二章

協力災害治理的發展

　　災害（disaster）和危機（crisis）這兩個詞經常被交互來使用，顯示著它們是有高度相關的。細究其義，兩者都涉及可能帶來負面影響的事件，還有意外的、不可取的、難以想像的和難以處理的情境。但在學術詞彙中，危機和災難通常指的是不同類型的情境，也表明了不同研究的方法。危機可被定義爲辨識存在威脅的某種方法，有研究表明如果人們、社區、機構、領導者或系統能夠應對這一挑戰，那麼所面對的威脅是可以被避免的。災害總體上被定義爲非常有害的事件，指造成人類痛苦和基礎建設損害的事件，過去主要研究的事件包括洪水、颶風、海嘯和地震等自然類別的破壞事件，但近期研究人員開始關注更多其他議題，像是恐怖主義或技術失敗等人爲事件（Boin, Hart and Kuipers, 2018）。

　　進一步探討災害（disaster）的各種定義來看，劍橋字典（Cambridge Dictionaries）認爲所謂的災害係指：巨大的傷害、或死亡、或嚴重的困難的事件[1]。美國對災害定義的共識大致爲：「由於極端的自然、人爲因素或共同的作用，超過了當地的承受能力者，是爲災害」（李秉乾、陳柏蒼，2016：6）。加拿大的緊急計畫法案中（Emergency Program Act）則從造成原因與導致的結果來定義災害爲不幸的情況：1.其原因如人爲／自然力量造成事故、火災、爆炸或技術故障；2.而結果爲嚴重危害人的健康、安全或福利，或產生廣泛的財產損失[2]。我國的災害防救法中第2條明定，所謂的災害指下列災難所造成之禍害，包含：1.風災、水災、震災（含土壤液化）、旱災、寒害、土石流災害、火山災害等天然災害。2.火災、爆炸、公用氣體與油料管線、輸電線路災害、礦災、空難、海難、陸上交通事故、森林火災、毒性化學物質災害、生物病原災害、動植物疫災、輻射災害、工業管線災害、懸浮微粒物質災害等。國際災害資料庫（EM-DAT, OFDA/CRED International Disaster Database）收錄的災害的標準有以下四個標準：10人或以上的人死亡、100人或以上的人受影響、

1　原文爲：" great harm, damage, or death, or serious difficulty." https://dictionary.cambridge.org/dictionary/english/disaster，瀏覽於2019/3/22。

2　http://www.qp.gov.bc.ca/statreg/stat/E/96111_01.htm，瀏覽於2019/3/22。

宣布緊急狀態，或請求國際援助[3]。災害對於人類生活的挑戰已愈來愈嚴峻，本節將闡述公部門災害管理的演進，以及協力災害治理的發展及相關意涵。

第一節　公部門災害管理的演進與發展

災害經常伴隨著人類發展的歷史，早期的社會對於危機或天然災害多持宿命的觀點，然而近代社會的發展，逐漸有了災害管理的概念及系統性的研究。1803年《火災救助法案》（Fire Disaster Relief Act）的通過，讓美國新布罕夏州的普次茅斯市（Portsmouth, New Hampshire）獲得可用的資金。1933年「重建融資公司」（Reconstruction Finance Company）成立後，為地震損壞的公共工程提供貸款，也意味著美國聯邦政府介入災害管理的開始（Lindell, et al., 2007）。於此同時，當時直屬於總統的「國家緊急委員會」（National Emergency Council, NEC）也擔任總統個人的緊急管理幕僚之任務。該委員會在1939年重組為白宮辦公室（Executive Office of the President）下的「緊急管理辦公室」（Office of Emergency Management, OEMO）。1950年代，美蘇冷戰期間，「國家研究委員會」（National Research Council）針對核能可能產生的災難進行一系列的研究，人為科技的災難開始普受學界重視。同一時間，美國的《聯邦民防法案》（Federal Civil Defense Act）以及《1950年災害救助法案》獲得通過，分別規定了災害救助時聯邦政府與州政府的責任。1979年後，美國聯邦緊急管理總署（FEMA）成立，開始扮演著統籌美國危機管理統籌規劃與協調之功能。1993年美國Clinton總統任命J. L. Witt為FEMA署長，成為首位由災害管理專業人士擔任FEMA署長這個職務者。至2002年底美國成立新的國土安全部（Department of Homeland Security）後，FEMA也併入在此部會中（Lindell, et al., 2007；詹中原，2004；熊光華、吳秀光、葉俊

3　https://www.emdat.be/frequently-asked-questions，瀏覽於2019/3/22。

興，2010）。

　　Demiroz和Kapucu（2015: 170-172）將美國災害管理實務上的發展區分為下列四個主要階段：第一階段（1950年代以前）：在此期間，災害一詞被視為神的旨意，而且多是由各地自行面對與解決，主要提供災害救援的組織是美國紅十字會。當時聯邦政府的參與是非常有限並是不合時宜的，且未有專責的單位處理相關災害事件。因此，此時期主要由州政府、慈善機構等社會單位接管相關的災害協助事項。第二階段（冷戰時期）：此階段於災害管理上有重大的改革，並且形成一個新的時代。幾個重點事項包含：隨著1950年起的核彈威脅變成了公部門主要的隱憂，也讓多數政府開始建立民防工作。其次，1950年代一個重大的水災席捲美國中西部北邊，國會因而通過了災害救助法案，以讓聯邦政府能夠在沒有國會同意下進行災害防救。其後，聯邦政府為了因應不同的災害，整體性的緊急災難管理機制也逐漸隨之形成，也為FEMA的成立奠定基礎。第三階段：在FEMA成立後，災害管理進入一個新的時期，該機構整合各項緊急管理活動；儘管如此，FEMA當中22個不同的機構仍分別存在於緊急情況及危機管理的參與行動中，而每個機構皆擁有其各自的願景。1992年聯邦應變計畫（Federal Response Plan, FRP）生效實行後，再次重新整合災害管理相關因應措施。第四階段：2001年9月11日的恐怖攻擊事件造成整個美國緊急管理機制受到危害，其後FEMA的22個機構以及179,000左右的員工併入了國土安全部（DHS）。在2004年，聯邦應變計畫（FRP）轉變為國家應變計畫（National Response Plan, NRP），然而在Katrina颶風的應變受到重大挑戰後，國家應變架構（National Response Framework, NRF）再次取代了NRP，其被視為一個更具有彈性、更為強健的機制。藉由NRF，不管是來自聯邦、國家以及地方層級的計畫都可以有效地協調緊急災難管理不同階段的準備、救援與復原工作。

　　從研究的角度來看，早在1920年代，學者S. Prince即從社會學的角度討論災害與社會變遷的議題，被認為是最早進行有關災害的系統性研究。至1932年，Carr（1932）提出災害相關的定義和背景問題，在此之後有關災害管理的研究開始逐漸增加，特別是1963年美國德拉瓦大學（University of Delaware）的災害研究中心（Disaster Research Center, DRC）成立後，相關領域研究成長速度變得更快（Boin, Hart and Kuipers, 2018）。Boin等人（2018）進一步指出，研究災害管理議題的經典時期大概是在第二次世界大戰結束後開始的，在此期間有三項重要的知識和研究行動，包括第一個是對第二次世界大戰進行系統性的檢查和記錄災害的破壞模式；其次則是芝加哥大學的國家輿論研究中心（National Opinion Research Center, NORC）進行一系列的災害研究（主要是飛機墜毀、火災和地震），並根據蒐集而來的資料建立第一個明確的社會科學數據庫；第三個則是國家科學院所組成的災害研究小組，他們也進行一系列經典的研究，進一步擴大災害知識庫。1980年代後，災害管理大師Quarantelli（1982, 1987）呼籲學者們應該關注災害定義的問題，之後文獻中發現有關正式定義災害的研究數量有顯著增加。

　　從本土系絡來看，馬彥斌（2016：102-107）指出台灣災害防救體系的發展可分為五個主要時期：災害防救相關法令制定前（1945-1965年）、處理辦法時期（1965-1994年）、災害防救方案時期（1994-2000年）、災害防救法時期（2000年7月19日至2010年），以及災害防救法修正後時期（2010年8月4日迄今），每個階段多是在國內、外在經歷重大災害侵襲後開始檢討及改革。現行體制主要奠基於1999年發生921大地震之後的經驗，2000年7月19日政府公布了「災害防救法」三讀並頒布實施，此法具有層級精簡、分工執掌、專署督導、分層負責，以及借重科技等重點。2009年的莫拉克風災及強降雨、土石流等帶來規模極大且複合型的災害，當時的災害防救體系已無法有效因應如此規模的災害。為建構更為完備的各級災害防救體系，並強化國軍迅速主動支援救災機制，立法院於2010年三讀通過災害防救法修正案，除了將行政院災害防救委員會改為「中央災害防救委員會」、設立行政院災害防救辦公室、增訂國軍主動進行救災任務規定等重點以外，亦要求直轄市、縣市及鄉鎮市設置災害防救辦公室，以執行各該地方災害防救會報事務（熊光華、吳秀光、葉俊興，2010；馬彥斌，2016：106-107）。

　　依據災害防救法，目前台灣的災防體系劃分為中央、直轄市／縣市政

府、鄉（鎮、市與區）公所等垂直三個層級的體系外。以專責機關而言，我國災害防救法的另一個特點在於採取「單一災害途徑」（single-hazard approach）。目前災害防救法第3條中明訂22種不同的災害，分屬7個主要部會管轄。分別是內政部主管風災、震災（含土壤液化）、火災、爆炸、火山災害；經濟部主管水災、旱災、礦災、工業管線災害、公用氣體與油料管線、輸電線路；行政院農業委員會主管寒害、土石流災害、森林火災、動植物疫災；交通部主管空難、海難、陸上交通事故；行政院環境保護署主管毒性化學物質災害、懸浮微粒物質災害；衛生福利部主管生物病原災害；行政院原子能委員會主管輻射災害；至於其他災害則依法律規定或由中央災害防救會報來指定中央災害防救業務之主管機關。此途徑的優點可讓防災規劃之業務與各部會的專業結合，然而近來面對大規模與複合型災害的挑戰，「全災害管理途徑」（all-hazards approach）及專責災害防救組織、「防災業務主管權」及「救災應變指揮權」是否脫鉤等議題也不斷的被提出討論（馬彥斌，2016：107-110；熊光華、吳秀光、葉俊興，2010）。綜合言之，現行災害防救法規範下，各階段災害防救任務以各級政府為主體。災害緊急應變工作應採「地方負責、中央支援」模式，地方政府扮演第一線執行角色，中央政府則扮演後續增援協助角色，彌補地方不足。至於減災與復原工作，則應採取由上而下的途徑，以宏觀整體的思維建立「中央主導、地方配合」之模式（李長晏、馬彥彬、曾士瑋，2014；熊光華、吳秀光、葉俊興，2010）。

第二節　從災害管理邁向協力災害治理

一、協力治理的發展與意涵

　　過去十餘年來自然與人為災害的頻率及範圍增加，讓傳統的突發事件、危機以及災害管理工具逐漸失去其效果。鑑於此論點，傳統以階層與集權化的觀點已經被分權化的緊急事件管理系統所取代，有效的災害

管理應同時包含官僚規範（bureaucratic norms）及緊急規範（emergent norms）。這些改變特別讓政府了解到在極端事件及重大災害中，應在跨組織溝通與合作的基礎上發展協力災害治理的網絡（Kapucu and Garayev, 2011; Schneider, 2011）。

　　從公共行政的角度來看「治理」的意涵，其自1980年代中葉起，已逐漸成為社會科學研究者與實務界常用之概念；而概念之存有及普遍獲得接受，總有其形成的基礎與相當程度的共識（李台京，2001：109）。當今政府多元組織、多元部門的運作環境，需要設計新的協力導向之策略來調和，是以「協力治理」逐漸成為相關研究領域的顯學，並可補足傳統層級治理與市場治理模式的不足，進而緩解公共問題的複雜性並強化回應性（陳恆鈞，2008）。

　　Kazancigil（1998: 69）曾以「從政府到治理」（from government to governance）來描述治理結構變遷的趨勢，表示過去治理結構多以政府為中心，然在現代的社會中，政府必須結合私部門及自願性的組織來共同管理公共事務，而非由政府獨自運作。Stoker（1998: 18-26）進一步提出關於治理經典的五項命題，其內涵包含有：1.治理是由一群政府或非政府制度與行動者的複雜組合；2.治理表現出公、私界線和責任模糊化的趨勢；3.治理表現出機關制度間呈現出權力依賴的關係；4.相互依賴的協力關係將形成自我管理網絡（self-governing network）；5.治理的概念是用來重新界定政府在當代治理中所應扮演的角色。Bang與Sorensen（1999: 329）甚至曾提出以治理來取代政府的觀點，其二人並指出政府與公民社會之間的關係不再是對立狀態，而是朝向新型態的政治協商與互動發展。Grimsey與Lewis（2004）則認為，治理過程中公部門與私部門的協力合作不是僅侷限一種模式，而應將其視為一個系統化的過程，從確認服務的需求、界定成果和支付機制、評估財務的影響和內在風險、找到妥適的採購方式、建立商務邏輯、確認資金的使用價值、監測設計和建立流程、合約管理，到轉移和服務的監測等。關於傳統公共行政與治理的對照比較，如表2-1所示。

表2-1　治理與政府觀點的比較

	政府	治理
特質	強調制度	強調過程
參與者	公部門	公、私部門（第三部門）
參與者關係	服從命令	權力互賴
領導方式	注重權威	注重指導、協商
政策制定者角色	指揮命令者	領導者與詮釋者
公共管理者角色	辦事員	探索者
標的人口角色	客戶	共同生產者
結　構	層級節制	網絡

資料來源：整理自Hartley, 2005: 29; Salamon, 2002: 9；陳恆鈞，2002：89。

　　事實上，對於美國緊急管理者來說，災害管理一直是個涉及跨部門以及協力工作，亦是整個群體在管理個體、家計、商業以及非政府組織等利害關係人的管理危機方式。事實上，地方政府以及聯邦政府每個緊急管理決策者與專業人士，也多仰賴私部門以及非營利部門的投入來有效的進行災害準備、和緩行動、因應以及復原程序。此外，將近85%的美國設施是由私部門所擁有，如此讓公私協力成為整個美國緊急管理不可或缺的元素（Demiroz, and Kapucu, 2015）。

　　儘管協力治理的概念在學界已有不少討論，關於其核心的意涵仍有不同的焦點。例如，Keast和Mandell（2009: 2）認為協力（collaboration）、合作（cooperation）與協調（coordination）這概念在意義上有些不同。他們認為協力指涉不同參與者之間相互依賴程度、接觸程度，以及信任度都是三者之中最高的，協力過程中的權力與目標價值是共同分享之互動關係，其關係的時間結構是長期的（三年或以上），此種關係能夠形塑共同目標及互相學習改變，並具有高風險、高報酬（high risk / high reward）的意涵。就合作而言，指的是各參與者間較為鬆散的互動關係，此種互動之目的是基於資訊、資源與利益之交換。各行動者具有各自追求的目標價值，且不一定需要分享權力與資源，此種合作關係則是低風險、低報酬

（low risk / low reward）的意涵。最後，協調在互動關係、結構等則是介於前面這兩者之間的中間程度，其目的是爲了達成共同的目標。雖然上述三個概念經常被混著使用，Williams（2015）認爲，若以經驗爲基礎的概念架構下，是可以避免這些概念被扭曲。此外，因爲更多與實務相關及組織實際運用的概念正在發展中，現在協力所涉及的不只是單一組織的工作方式，而是整體環境中的串連。

　　細究協力治理比較經典的定義，Bardach（1998: 8）將協力視爲「兩個或兩個以上機構的任何聯合活動，旨在透過彼此合作而不是單獨運作來增加公共價值。」[4]Ansell與Gash（2008: 544）則表示，協力治理「爲一種管理模式，其中一個或多個公家機關將直接與非政府利害關係人進行正式的、具有共識及審慎的決策制定過程。其主要目的在於執行公共政策和管理公共專案及資產。」[5]Emerson、Nabatchi及Balogh等三人（2012: 2）從較廣泛的視角界定協力治理，認爲「公共政策制定及管理所有公家機關、政府單位和公、私領域的過程和架構，目的是爲了能夠提出一項公共價值。」[6]Emerson等三人（2012: 2）認爲多方治理（multipartner governance）其中夥伴的範圍涵蓋國營、私營部門、民間社會及社群之間的夥伴關係，同時也包含了一些共同及混合關係，例如，公私之間（public-private）或私人及社會之間（private-social）的夥伴關係及共同管理。最後，此定義也可以被用於治理參與及公民參與，而這類的參與對於協力治理來說是有著相當大的影響。

　　儘管公、私協力已是當前公共治理的重要趨勢，曾冠球（2011）的

4　原文爲：“Any joint activity by two or more agencies that is intended to increase public value by their working together rather than separately.” (Bardach, 1998: 8)

5　原文爲：“A governing arrangement where one or more public agencies directly engage non-state stakeholders in a collective decision-making-process that is fornal, consensus-oriented, and deliberative and that aims to make or implement public policy or manage public programs or assets.” (Ansell and Gash, 2008: 544)

6　原文爲：“The processes and structures of public policy decision making and management that engage people constructively across the boundaries of public agencies, levels of government, and/or the public, private and civic spheres in order to carry out a public purpose that could not otherwise be accomplished.” (Emerson, Nabatchi, and Balogh, 2012: 2)

研究提醒幾個重要因素可能會導致公私部門形成不情願的夥伴，這些因素包含：1.從「權威分享」的政策宣稱，逐漸回復到公部門「權力支配之慣性」。2.從秉持「彈性協商與相互調適」的信念，逐漸步向「裁量限縮與契約僵化」的回頭路。3.從原先「風險移轉與風險分攤」的契約設計理念，逐漸掉入公部門只圖「風險移轉」卻「規避風險」的死胡同。

二、協力治理對災害管理領域的影響

　　協力治理的討論對於災害管理的領域有相當的啟發性（王俊元，2016），例如Kapucu、Arslan和Demiroz等三人（2010）認為，當災難性事件發生時，公共部門、非營利組織和私人組織之間需要大量的溝通和協調能力；在緊急事件管理的部分，政府是需要有卓越的評估能力及適應能力，並能利用靈活的決策制定，才能增加參與應變機構的協調和信任。Demiroz和Kapucu（2015）提供了一些協力災害治理政策工具，如保險機制、外包或協力公共管理，並呼籲在緊急災難管理領域要協力及共同運用這些治理手段。其二人認為當今社會日益複雜化，災難造成的破壞將使得公私部門、非營利組織共同合作，成為無可避免、不可或缺的現象。若公共部門沒有私部門及非營利組織的協助，其將無法實現緊急災難管理的相關目標，而私部門參與緊急災難管理活動目的亦可說是在保護其資產和利益、非營利組織在災難期間及日後的角色也為民眾提供最有價值的服務。

　　2001年9月11日美國遭受恐怖攻擊事件以及2005年美國紐奧良市（New Orleans）受到的Katrina颶風襲擊，皆讓美國受到重創與曝露出災害管理上的嚴重挫敗。導致決策結果失敗的最重要原因之一，即是組織能力的不足以及其在緊急情況因應執行上的準備不周，這使得傳統緊急管理工具更需要將協力作為解決方案或支持方法。此外，相互信任及接受的夥伴關係對於有效因應及復原災害的協力合作是非常重要的，雖然在量化夥伴間的信任程度實務上存在困難，但若組織間在過去有協力工作的經驗，對於建立對話機制及信任感上較為容易，因此在協力決策過程中也將更具有合作感以及生產力（Bier, 2006; Kapucu and Garayev, 2011）。是以當危

機出現時，協力是能解決危機所引發的混亂中重要的能力之一。當提到協力時，就必須談到另一個名詞，也就是網絡，而學者們也針對網絡形成的原因進行研究。要能使成員之間產生合作的意願並形成網絡是要有一項必要的條件，即為協力運作能力（interoperability），其被定義為具有兩個要素，一個是涉及不同組織的資源如何協力工作的操作要素；另一個則是涉及來自不同組織的資源如何相互交流運用的技術要素（Kapucu, Arslan, and Demiroz, 2010）。

Kapucu和Garayev（2011: 367-369）認為，如果災害是難以控制並且影響多數人，那麼其需要非常多不同部門的協力協助。當決策者僅來自於特定的機構或是協調者，擁有一個全面性的機制來促進及提高決策過程質量是非常重要的。其中，包含了不同的行政、結構、行為上的改變以及調整。基於當今協力形式的改變，內部操作能力在層級上也有所改變。交互運作能力是一項動態的交換以及對於不同資源、工具及機制的運用能力，其會影響決策過程的品質並且主要是建構於不確定性減少的事實基礎上，此能力強調獲得愈多的資訊，將會有更高的機會得到高品質以及低風險的決策結果。

從實務的經驗來看，協力災害治理從幾種不同的方法與手段提供了塑造公私部門夥伴關係的契機，包含保險機制、非營利組織在災害緩和以及復原的參與等等。保險機制是緩和災害經濟影響的基礎手段，亦是建立緊急災難管理主要公私夥伴關係的途徑之一。例如國家水災保險計畫（National Flood Insurance Program, NFIP），其採用針對家計部門以及企業的一項洪水保險，在美國是非常著名的措施（Salamon, 2002; Demiroz, and Kapucu, 2015）。另外，緊急災難管理組織亦時常與夥伴機構或司法機關分享資源，例如美國的公共企業風險機構（Public Enterprise Risk Institute, PERI）以及國際城市經理人協會（International City and County Managers Association, ICMA）也發展了一個機制，稱作國家緊急災難管理網絡（National Emergency Management Network, NEMN），其主要擔任地方緊急災難管理人員的共同資訊溝通管道，並且遍布全國網絡，運用資訊科技累積地方人員與資源的共同資料庫，以協助指認、驅動、追蹤以及協

調各個災害因應的資產（Demiroz, and Kapucu, 2015）。

　　Williams（2015: 34）指出，即便協力的概念廣泛地貫穿於公共管理和政策實務當中，但通常都沒有明確的提及其完整內容，所以對於大部分人的認知來說，協力只是個線索或是抽象的名詞。儘管與協力相關文獻和網絡領域皆在成長階段，但有系統性的整理協力相關理論的研究相對是較少的。換言之，實有必要針對協力災害治理的理論建構進行更深入的探討。有鑑於此，「多元行動者」及「網絡的治理結構」這二個面向經常被用於剖析協力治理的意涵（O'Leary, Gazley, McGuire, and Bingham, 2009: 3-4；王俊元，2006；王俊元、詹中原，2010）。下文將從這兩個面向深入說明參與協力災害治理重要利害關係人，以及災害協力治理的網絡互動結構之內涵。

第三節　協力災害治理的重要利害關係人

　　近年來，無論學界或實務界對於協力治理的基本共識是：公部門及私部門間治理的界線已變得模糊，它是一種公部門雙方人員以特別的方式及過程來建立公共財法律以及規範（Ansell & Gash, 2008）。換言之，有愈來愈多公共問題的因應與緩解，皆須透過多元利害關係人投入與參與（曾冠球，2011：28）。綜合整理文獻可發現，協力災害治理至少包含下列四個重要的利害關係人：

一、公部門（政府機關、單位）

　　儘管協力治理的概念指涉公、私部門的界線在治理中逐漸模糊，而且公部門與傳統的統治或管理角色與功能已有所不同，然而卻不代表政府在協力治理的過程中會衰退或甚至消失。Spekkink和Boons（2015）在研究協力生產力的文章中表示，協力的重要性不斷提升，至少有相互的信任、理解、領導、知識資源、承諾等因素會影響到協力治理的生產力。其二人

從「建構模塊」（building blocks）[7]的角度切入，並認為這些建構模塊在協力治理過程前期，就協力資本的發展有重大貢獻。另外，在他們研究的兩個案例中，公共組織在建構模塊的過程中扮演橋樑（act as a bridge）的重要角色。其二人提出一個可能的解釋是與私人組織相比，公共組織通常面臨更多的目標。私人參與者主要負責不同構建模塊的開發，但充當橋樑的公共組織負責將建構模塊組合成協力結果。換言之，對於協力公共治理過程參與者而言，公部門行動者協力行動的能力建立也是非常關鍵的。曾冠球（2011：37）指出，公部門中負責公私協力與夥伴關係的中階主管或資深官員，由於他們扮演承上啟下的關鍵角色（如協力資訊的過濾與傳遞、專案規劃與執行、與協力對象聯繫溝通，或內部管理等），因此雖其並未掌握機關最高決策權，但卻具有實質的決定權或影響力。謝儲鍵等人（2016）的研究也指出，在治理與行政層面的協力關係，公部門依舊扮演重要角色，其對於災後重建的專家、資源連結上，仍舊是重要行動者。

　　然而，政府經常被期待要善於執行政策以及提供大量的日常服務，但在大多的情況下，公部門似乎沒有能力來處理一些非標準化的任務。公務人員發現當他們面臨困難的問題時，對他們來說，是很具挑戰性的，而針對所謂的棘手問題（wicked problem）更是如此，這些問題是複雜、不可預測或難以處理的。解決這些棘手問題的難度不僅在於它們的複雜性，還因為公部門管理的機制往往會使解決這些問題的情況變得更複雜、糾結。公部門的傳統結構和系統缺乏對棘手問題做出反應的構思和解釋，因此對於公部門來說，解決棘手問題更需要的是，開拓公職人員的思維、領導、管理和組織的新思路，並能意識到問題和過程的複雜性（Head & Alford, 2015）。是以，當災難性事件發生時，公共部門、非營利組織和私人組織之間是需要大量的溝通和協調能力；在緊急事件管理的部分，政府是需要有卓越的評估能力及適應能力，並能利用靈活的決策制定，才能增加應變

7　所謂的建構模塊可被理解為：小組參與者協調其活動以實現聯合目標，而此模塊為有意連接事件的序列。（Such building blocks consist of smaller projects1 in which actors coordinate activities to achieve joint goals... these building blocks can be understood as subgroups of events.）（Spekkink和Boons, 2015: 614）。

與復原時的協調和信任（Kapucu, Arslan, and Demiroz, 2010）。

二、執法機關與人員

　　過去研究顯示，警察在災難期間所做的努力往往不被注意，但他們通常是第一個前往危機現場並最積極參與救災活動的人員。在災害發生的情況下，因爲他們接受過特別的訓練，被期待在災害發生時能夠立即的反應，因此警察在災害與危機處理行動中發揮至關重要的作用。具體來說，警察在災難期間扮演兩個重要的角色，一個是預測災難即將到來時，需要進行危機準備活動；另一個是在災害發生時，協助公眾的撤離。其事前準備計畫也包括：1.與鄰近管轄單位合作，並有資源交流分享的管道；2.與當地緊急行動中心合作，將警察部門納入整體的應變和恢復計畫中；3.確定相關的安全保護地點，以利撤離工作的進行；4.適當的分流行動，以確保人員能快速疏散；5.能指導人員在災害中該採取什麼樣的行動。警察在災害的舒緩、準備、應變及復原等四個階段皆能發揮重要的職能與作用。例如，警察能作爲財產的保護者，在災難發生後也能發揮關鍵的預防作用，像是降低搶劫和其他犯罪行爲的發生。另外，大多數地方和州政府都會預備資源資金並分配給災害規劃的準備工作中，警察也對於秩序和安全的維護有著很大的貢獻。前述所提及的比較偏向於一般的狀況，但在警務的任務運作時，也需要額外考量它們的層級制度、溝通系統，才能更了解其警務的作用和成效。警察在災害事件中所執行的任務對於人民來說是相當重要的，但他們同時也需要兼負來自各種面向的壓力（Adams and Anderson, 2019）。

　　具體來說，在災害混亂時期時會造成三種重要商品的破壞：食品、保健用品和水。警方在該時期需要承擔一系列的重要職責，包括治安維護、物資運送，而在這過程中，警方與社區成員所建立的關係就顯得相當重要。除了能提高相關活動的任務有效性，也能減少其風險程度，各方面來說對於該災害的行動都是有所助益的（Trim, 2004）。

　　除了警察之外，其他執法機關在協力災害治理上也是扮演一定角色。

例如，由於災害應變與復原期間眾多捐贈善款及物資的監督與課責議題也日益重要，Rienstra（1999）認為，充分的監督機制和透明度是該情境需要考量的重要關鍵因素。若沒有良好的機制來運行，資源的提供反而會成為國家或組織腐敗和貪污的基礎，這樣造成的結果只會讓需要獲得資助的人民，無法獲得真正的幫忙，但這樣的問題也與國家的經濟、社會文化和政府因素等問題息息相關。若要解決該問題，公開和透明的溝通是制度上不可或缺的。

三、非營利組織／民間團體

　　近來的研究已經意識到，隨著災難的問題愈大、愈複雜，常態型的組織角色甚至是災害計畫的角色都會變成集中管理。危機管理學者分析與災害有關的集體行動現象發現，所謂集體行動會涉及人員、物品和其他資源向災區的大規模流動；而集體行動的定義也要求慈善事業的回應，從集體共同需要轉向受害者提供援助和救濟（Kapucu, 2007）。從美國的歷史上回顧，慈善性的非營利組織在救災行動中扮演著重要的角色和責任，因為在過去政府並沒有承擔拯救公民生命和財產的負擔。以非營利組織來說，像是美國紅十字會一直是災害發生時主要的參與應變者。政府則是在二十世紀初開始參與災害應變的工作，由於自然和人為災害的範圍及影響日益增加，聯邦政府在災害管理中的作用也逐漸擴大。在此同時，美國國會也特許紅十字會在國家危機救援規劃和應變中扮演重要的角色（Kapucu, Yuldashev, and Feldheim, 2018）。

　　台灣在1999年的921大地震前，政府相關單位長久以來在重大災難發生時扮演指揮協調的主導角色，而民間組織也是第一線的即時救援團隊。面對921地震的浩劫，政府無法有效掌握與調配源源不絕的救援組織和相關資源，導致資源重疊或斷層，進而減弱救災功能（劉麗雯、邱瑜瑾、陸宛蘋，2003）。自921大地震後的十餘年下來，黃忠發等人（2012）發現，政府與非政府雙方之互動已成為災害防救之趨勢，如何妥善運用非政府組織之資源，乃是災害管理之重要議題。

具體而言，非營利組織在災害防救中至少可以扮演八種角色，包含如：1.組織者：推動災民恢復生計、重建和恢復社區組織；2.協調者：成爲受災百姓和政府間的溝通橋樑和紐帶；3.資源整合者：負擔各方面資源整合、分配合連結，並建立社會協力機制；4.資訊傳播者：爲災區群眾傳遞相關資訊加快災後重建步伐；5.支持者：提供個人、家庭和社區的社會照顧；6.輔導與教育者：提供相關知識給社區與災民，協助輔導培訓志工，增進其專業服務能力；7.諮詢者：提供相關資源的咨詢服務；8.倡導者：反映災民的需求，爲災民爭取福利與權利（周湘斌、王健，2010：33）。從謝儲鍵等人（2016）的研究也可發現，在災害協力網絡中，非政府組織在救災協力的整體網絡（whole network）及個別組織互動網絡是具有關鍵之連接關係。

四、私部門（企業）

在科技、溝通以及交通運輸的進步情況下，全球化以及經濟擴張已成爲一個普遍趨勢。無論是產業的供應者，或是中產階級，企業一直以來皆放眼全球以塑造夥伴關係，並且嘗試成爲世界的一部分，以塑造新的經濟相互依賴性。如果私部門可以被引領朝向更有效的災害管理以及更廣泛的整合在一起，包含辨識以及排除災害風險的商業方法，將有助於爲更多的事件做準備並迅速於災害中復原；於此同時，這些私部門將會爲組織風險管理也帶來利益（Johnson and Abe, 2015: 16）。2013年的全球災害風險減緩平台中，私部門已被意識到是全球減災一個重要的夥伴。此平台的報告中提到：「引領私部門投資朝向更佳的韌性會使得商業運作的更佳；私部門認知到其將會有更重要的職責，去保護以及減少災害風險，因爲企業不僅會碰到自然災害，亦可能於獲利、生產的同時，增加了災害風險。」[8]

私部門加入災害救援行動的理由主要包含三個：第一點是自然災害

8　原文爲："Steering private investment towards greater resilience makes good business sense. The private sector recognizes that it has a crucial role to play in preventing and reducing disaster risk since businesses are not only exposed to natural hazards, but also often contribute to increased disaster risk in the process of driving economic growth." (UNISDR, 2013: 3)

可能對於企業等經濟面向造成損失；第二點為全球化的發展下，自然災害可能對於交通要道、機場等營運上造成嚴重的影響，進而影響私部門企業的運作；最後，隨著區域經濟的成長，許多商業生產據點拓展至發展中國家，而這些國家因為基礎建設的缺乏、人口密度低等關係造成其對於災害的承受能力相較之下較低。因此，私部門應當負責幫助減少這些災害風險，改善商業及群體的韌性。私部門於災害救援行動中，最難能可貴的是他們有豐富的資源、專業以及科技技術，因此私部門應該要極大化（maximize）他們的資源來貢獻社會，並且讓這些專業技術與能力運用於降低災害風險（disaster risk reduction, DRR）（Izumi and Shaw, 2015: 2-3）。

　　私部門在參與災害管理中，會以不同方式進行，像是公私夥伴關係（Public-Private Partnerships, PPPs）、企業社會責任（Corporate Social Responsibility, CSR）、商業持續計畫（Business Continuity Plan, BCP），雖然他們都高度相關，但每個方式都代表著不同含義。例如PPPs是一種特定的協力工作型態，它是介於公私部門之間的一個名詞。就如同上述提及，災害因應的需求相較災害準備以及緩和行動更加不同，因此該些方式的夥伴關係會因為需求不同而有不同的解釋。CSR以及BCP的存在可能讓PPPs間接形成，然而他們的貢獻會因為規模、地理區域、部門、商業文化而有所不同。企業可能會從事CSR活動或災害管理活動以獲得顧客品牌忠誠度、提升形象等等；另外，BCP的協助亦使得私部門於災害中存活下來。不管CSR抑或是BCP皆提供一個更值得了解的宏觀思考面向，亦即協力災害韌性，此部分將在下一章進步說明。值得一提的是，FEMA也特別關注與私部門的關係，因此在外部庶務辦公室設置一個專責部門來發展及管理與私部門的協力工作（Demiroz and Kapucu, 2015）。

　　近年來，日本也推行的政府與企業協力合作營運持續計畫（BCP）。由於民間大型企業在遭遇重大災害或危機事件而導致營運中段日期過久，將會引起中下游廠商或產業更嚴重的倒閉潮；因此，日本政府會提供必要的協助或訓練課程，讓大型企業建立起組織之營運持續計畫。在BCP公私協力的模式下，期望事件發生時組織的營運能力不至於陷入崩盤的情境，

反而能在容許界線上達到某個目標值的水準，並在短時間之內復原到災害之前的營運能力（內閣府，2015）。

第四節　協力災害治理的要素與模式

隨著過去幾十年來，世界各地的關係變得愈來愈緊密，政府和公共管理人員也不得不從原本傳統的單一模式與階層化的組織，轉變為網絡化、協力化與多組織化的安排；而這種不停變化的環境和第三方的治理方式，持續的引發公共行政對此議題的學術興趣。這些文獻中大多數的本質是較為廣泛且同時也是高度分散的。雖然不同的概念能強化這個領域的視角與深度，但這種豐富性也使得研究結果和跨學科的交流變得更加困難。面對這些重大的災難時，雖然有政府機關、企業單位、非營利／非政府組織、與社會福利單位投入大量資源進行災後救助與社會志工參與災後重建工作，然而整合與協調各界的人力與資源以提升災後重建效率，便成為災害應變與災後重建所應關切的重要議題。究此，國內外公共行政學界在探討政府治理模式與相關理論時，也一直思考成功的協力治理的關鍵要素為何，以及如何透過合適的協力模式與思維來解決當前日益複雜的政府管理與災害防救議題（Comfort, Waugh, and Cigler, 2012; Waugh and Streib, 2006; Stivers, 2008）。

關於哪些因素會驅動協力治理，及哪些因素會影響多元行動者在協力治理過程中的成敗，逐漸受到學者們的關注。就第一個議題而言，Emerson、Nabatchi、Balogh（2012）認為協力治理的驅動因素共包括了領導力（leadership）、相應的誘因（consequential incentives）、相依性（interdependence）以及不確定性（uncertainty）。領導力是第一個重要的驅動因素，其所代表的是能夠發動及幫助確保資源並且支援「協力治理體制」（Collaborative Governance Regime, CGR）的領導者。而這位領導者應承諾透過協力的方式來解決問題、不堅持主張單一特定的解決方案，並且在參與者的偏好中維持公正性。除此之外，領導者是否願意吸收高交易

成本來爲協力合作努力也相當重要。例如，適才適所、提供科技以及其他資源都有助於協力合作。相應的誘因指的是能更驅動協力方案的內在（問題、資源需求、興趣或機會）及外在因素（情境式或非情境式的危機、威脅或機會）。而這樣的誘因（不論正面或負面）都必須存在才能使領導者及參與者相互協力合作。相依性指的是個人與組織無法獨力自主完成時，是普遍認可爲協力合作前的一個先決條件。最後一項驅動因素不確定性，是管理社會問題的最主要挑戰。當不確定性無法內部解決時，可能會促使群體間相互協力合作來減少、消滅或是分散風險。

　　另一方面，協力治理的這些關鍵要素至少包括：信任、資訊共享和課責（Kapucu and Garayev, 2013; Kuo, Wang, Chang, and Li, 2015; Pardo, Gil-Garcia, and Luna-Reyes, 2010），茲分述如下：

一、信任（trust）

　　信任通常在協力治理上被描述成爲一個重要的因素，其兼具潤滑劑以及黏著劑的角色（李長晏，2009：9）；信任的缺乏經常是協力治理的一個重要挑戰（Noran, 2014）。Huxham，Vangen，Huxham和Eden（2000）等人認爲協力所欲實現目標的重要前提在於相互信任，這對於促進協力夥伴之間的積極態度和行動自主是必要的。Grimsey與Lewis（2004: 244）也表示，成功的協力關係是建基在承諾、致力於共同目標、信任、團隊建立、共擔風險，及透過公開與問題解決方式來降低衝突；換言之，多元行動者必然是基於「關係的」（relational）而非「交易的」（transactional）協力。Emerson、Nabatchi和Balogh（2012）認爲協力過程中的信任可以讓多元行動者相互理解並提高正當性，最終能夠使行動者超越個人利益和觀點，而能去理解他人的利益、需求和價值觀。值得注意的是，Getha-Taylor等人（2019）的研究顯示，信任經常被視爲協力治理成功的要素，然而對信任通常缺乏清楚的定義，或較難承認在信任減少時進行協力的可能性。他們的研究藉由通過衝突解決、心理學和法律的視角來拓寬學理上對信任概念的理論理解，以及在缺乏信任的情況下進行協力的能力與可能

性。簡言之，他們認為信任在協力上確實是一種資產，但也提供了在信任減少或缺乏時進行協力的實用策略。

二、資訊共享（information-sharing）

　　資訊在政府計畫和服務的形成和運作中發揮了關鍵作用，特別是在網絡形式的政府中，這也要求公共行政人員更加充分地了解該角色的性質（Pardo, Gil-Garcia and Luna-Reyes, 2010）。此外，協力夥伴在建構信任時，也是藉由分享資訊和知識來進行（李長晏，2009：9）。李長晏（2009：10）進一步表示，從結構面來看治理能力時，「一個有能力的組織，會有足夠的能力可以從它的環境之中去獲取即時的資訊，且把這些資訊用於改善其策略，使其得以在環境領域中，維持一個最佳位置。……參與成員之間是透過用對話與溝通的方式，讓彼此知道如何行動對組織才是有益的。」Gil-Garcia等人（2019）的研究顯示，跨域資訊共享（cross-boundary information sharing, CBIS）的背景下，成員之間能夠建立信任、提高他們參與的意願，以及減輕他們對安全的一些擔憂等。

三、課責（accountability）

　　協力治理的結構在許多方面顯示出非常複雜的特徵，其中之一即在於課責問題（Huxam, Vangen, Huxam and Eden, 2000）。與官僚課責制度不同，在協力治理架構內，權力被解釋為不同行為者之間關係變化的性質，以及對合作夥伴的責任（Bardach and Lesser, 1996）。陳敦源、張世杰（2010：59）指出公私協力與夥伴關係的幾項弔詭，其中之一即是在合作關係中課責與效率的價值衝突之間所產生的「課責弔詭」（accountability paradox）。有鑑於此，Koliba和Zia（2011）曾建議建立協力責任之明確標準可行方法，包括書面協議，決策程序和談判制度；而同時需注意的是，協力責任的隱含規範包括信任，互惠和關係的持久性。Jedd和Bixler（2015）的研究表示建立集體網絡使命和目標對於協力的課責至關重要，

隨著網絡共同朝著這些目標發展，並且隨著網絡關係的增強，網絡中的課責可以得到加強。其二人建議在網絡治理中建立一個新的課責概念，它有四個基本維度：1.它需要真實的參與（authentic engagement）；2.它基於通過互動和共享資訊制定的規範；3.它有時仍需要依靠傳統資源形式，其中政府和國家仍保有一些權威（authority）；4.它使用代理人（broker）作為課責的催化劑（catalysts）。

　　關於協力治理的內容與模式近來在理論與實務上也有許多討論，例如，McGuire（2006）曾定義了幾種不同的協力內容，第一種是間歇協調，通常會在兩個或以上的組織政策出現之後形成，彼此之間會有共同的目標；第二種類型是臨時性的協力工作，通常兩相組織會因該臨時任務而進行協力工作；第三種類型是一個永久性或者例行性的協調行動，通常會在組織之間有正式關係下出現，雖然彼此不盡然有共同的願景或是目標，但可能會有一些任務需要共同完成。Ansell和Gash（2008）表示協力治理也存在多種詞彙解釋，有一個對治理的基本共識，就是公部門及私部門間治理風格的發展界線已變模糊。他們選擇一個綜合的方式來概念化治理，進一步提出治理模型有四個主要的變數，包含初始情況（starting conditions）、制度設計（institutional design）、促進的領導力（facilitative leadership）以及協力過程（collaborative process），這些主要變數皆可細分為更多特定變數。例如，在初始狀態中的資源與權力不平衡，是重要利害關係人因缺乏組織建構基礎來代表參與協力治理，是權力不平衡的重要問題。有些個別利害關係人無法自成一個有代表性的團體利害關係人、或是有些利害關係人沒有參與討論高度技術性問題的能力、抑或是利害關係人沒有足夠的時間與精力或自由去從事頻繁的協力過程。

　　Emerson、Nabatchi和Balogh（2012）等三人提供了一個整合性的協力治理架構，其目標是透過各種不同的研究視角來觀察協力治理如何產生，並且分析不同的研究如何闡述驅動因子（drivers）、參與過程（engagement processes）、激勵屬性（motivational attributes）及聯合的能力（joint capacities），從而實現共同決策制定、管理、執行及其他跨組織、管轄權限和部門的活動。協力治理體制（CGR）的概念是此架構的

重要特色。其三人使用「體制」（regime）來代表公共決策制定的一種特定模式或系統，其中跨組織合作代表了主要的行為和活動模式。在此架構中，CGR同時涵蓋了協力動態及方案兩項要點。此架構的最內層為協力動態，其中包含了三個互動元素：原則性的承諾（principled engagement）、共同動機（shared motivation）以及執行聯合方案的能力（capacity for joint action）。這三項協力動態的組成能夠透過互動及迭代的方式來產生協力方案，或是執行CGR共同價值所需的重要步驟。

協力治理的相關模式在實務界也有相關的例子，例如美國始於1993年東南部各州的區域契約及有所謂的「緊急管理協助協約」（Emergency Management Assistance Compact, EMAC）是一種雙向的協議模式，且為州與州之間的互助協議，可在緊急情況下促進州間資源共享。EMAC於1996年被美國國會批准為公法，並在當今美國所有州、華盛頓哥倫比亞特區（Washington, D.C.）、波多黎各和美屬維爾京群島都是該協議的成員。EMAC是由國家緊急管理協會（National Emergency Management Association, NEMA）管理，NEMA負責分配EMAC協調員和高級顧問。總體來說，EMAC的協力決策機制過去在運用災害管理的資源以及人力上算是有效；然而，此運作機制在2005的Katrina颶風事件中發現一些問題，在未來仍然需要觀察及了解這些問題背後的原因，例如不良的溝通機制以及聯邦間、各州之間的協調過程不當、冗長資源運用時間等等（Kapucu and Garayev, 2011）。

綜合言之，如同Schneider（2011）在其《災害處理：危機情境中的公共管理》（Dealing with Disaster: Public Management in Crisis Situations）一書所指出的，有效的災害管理應同時包含官僚規範（bureaucratic norms）及緊急規範（emergent norms）。該書中最後的建議也清楚點出未來政府在災害的角色上，應在跨組織溝通與合作的基礎上，發展強大的組織網絡（developing organizational networks）（Schneider, 2011: 238-240）。換言之，在協力災害治理中，多元的利害關係人與行動者如何形塑共同的價值、共享的目標，以及如何能夠有更有效的互動策略，將是此治理網絡關鍵中的關鍵。

第三章

協力災害治理的目標：
災害韌性系統建構

　　愈來愈多的公共組織面臨著充滿風險和快速變化的社會、經濟和政治環境，這種環境需要與傳統形式不同管理和控制的組織模式、資訊處理和領導技能。當前問題是要如何增加公共組織預測風險，且展現應對威脅的彈性能力。與私部門和非營利組織進行互動的公共組織，為了保護受到自然或人為風險的社區，才使這個挑戰愈加嚴重，而且組織績效若持續下降，這個問題基本上是難以解決的。由於決策者的認知能力有限，在迅速變化的環境中他們通常無法處理所需資訊的數量和範圍，導致組織決策的順序與動員行動的技術需求不同步（Comfort, Sungu, Johnson, and Dunn, 2001）。換言之，在現代社會中，不論個人、組織或社會可能都擁有面對挑戰、災害的基本能力，但是當災害來得太突然的時候，往往會令人措手不及。因此，真正的生存關鍵乃是要培養韌性來面對改變（Doe, 1994）。從協力治理的角度來看，其意味著共同努力並基於相互作用的價值來實現在跨部門和多元關係中的共同目標（common goals）（Johnston, Hicks, Nan, and Auer, 2010: 707; McCreight, 2010）。美國國家科學院的國家研究委員會（National Research Council of the National Academies）特別設立了「增強社區韌性公私部門合作委員會」（Committee on Private-Public Sector Collaboration to enhance Community Disaster Resilience），除了在2010年舉辦工作坊並提出成果報告外，在2011年更出版了《透過公私協力建構社區災害韌性》（Building Community Disaster Resilience Through Private-Public Collaboration）一書。該書中界定了關鍵術語和概念的涵義之外，也提出聚焦於韌性的公私協力合作網絡，以及協力的相關原則、挑戰與未來可行做法。簡言之，協力災害治理網絡的多元行動者需要凝聚或形塑共同的目標或共享的價值；檢視當前的發展，多元協力治理參與者一項關鍵的共同目標即在於建構災害韌性系統。

第一節　災害韌性的意涵與發展

　　世界各地環境災難數量的增加，使得風險管理成為全球化進程中的

重要思想，而隨著地球村的演變和世界各國社會的相互關聯，準備應對潛在風險必須從制定任何政府或非政府組織的計畫開始（Kapucu, Yuldashev, and Bakiev, 2009）。Sudmeier-Rieux（2014: 67）表示，因為氣候變遷對於人口影響方面的國際認知，國際發展正在發生思維的轉變，這個轉變在於如何透過衡量海外發展援助的配給，及在投資「韌性」（resilience）而造成制度安排的變動。如果1980年代和1990年代是永續發展（sustainable development）的年代，那2000年的新世紀就帶來了氣候風險（climate risks）恐懼的概念。這個時代的特徵是緊迫感和風險，與決策者更加相關的是這十年來發生與氣候相關的大型事件（mega-events）的次數增加，例如2003年歐洲的熱浪、Katrina颶風、Stan熱帶風暴等等。在這樣的發展過程中，韌性的概念似乎可以藉由其約束力、連結的發展、人道主義的努力透過其有系統的或正面的方法，來落實永續發展。

對於受害民眾來說，恢復正常生活是最重要的，像是在美國Katrina颶風過去幾年後，人們發現他們在生活中的各個方面都以不同的方式來重建和調整自我。在重大災難之後的重建工作，包括個人、家庭和社區的恢復，私營企業和政府單位都有重要的影響。一般最有效的應變措施和恢復作業需要在重大災害結束後的一週內開始快速進行，協助恢復作業的相關單位也需要列出在這一週內所需要處理的細項，以提升社區復原的意識並對恢復的過程有所幫助。在這樣的過程中，韌性和恢復（recovery）在概念上非常相似，都是注重相同的目標和結構，這兩個概念皆指涉的是：一個可以生存和可運作的社區，在遭受災難後可以有能力將其恢復生機；但是韌性旨在災難發生之前就需要儘快阻止更多悲劇的發生，並試圖減少災難所產生的影響，同時也試著將社區恢復到接近正常的狀態。不同之處在於恢復是短期、即時的；而韌性則是策略性和持久性的概念（McCreight, 2010）。

當代社會中，韌性這個詞已成為日常用語的一部分，同時也被廣泛地使用於各個領域中，但在不同領域中，韌性一詞具有不同的含義。即便在同一領域中，對於該名詞的定義也不見得有達成一致的共識，對於災害相關的研究尤其如此。事實上韌性這一概念是起源於物理學領域，它指的是

材料或系統在經過外界壓力而非破壞後，能恢復其原始狀態的質量或能力
（Ross, 2013）。政治學家Aaron Wildavsky（1988）是很早就將韌性的概
念應用於社會科學的學者，他在《尋求安全》（Searching for Safety）一書
中，將韌性和預期（anticipation）作爲風險和不確定性背景下決策的替代
策略。

　　回顧韌性一詞的發展，其是由拉丁文resilio而來的，這個概念仍有些
爭論，例如有些說它是生態學的一部分，然而有些則認爲此概念是物理學
的一部分。就生態學的層面來說，1973年Holling的「生態系統的韌性與穩
定性」（Resilience and Stability of Ecological Systems）一文問世之後，此
領域探討韌性的議題就日益廣泛。然而，亦有文獻表明韌性的相關研究主
要由心理學規範以及1940年代的精神病學演化而來（Manyena, 2006）。
Sudmeier-Rieux（2014）整理了關於韌性各種不同角度思維的想法，如下
表3-1所示。

　　爲了減少自然災害損失，2005年聯合國在日本神戶召開第二屆的「世
界減災高峰會」（WCDR）通過了《兵庫行動綱領》（Hyogo Framework
for Action, HFA）。HFA要求各國採取行動，並須在2015年之前建立國家
和社區抵禦能力，且兼採用以下三個策略目標：1.將防災、減災、備災和
減少脆弱性納入持續性的發展政策和計畫中；2.加強社區的災害韌性以
減少災害損失與建立當地抗災的能力；3.將降低災害風險納入社區的危
機準備、應變、恢復和重建計畫當中（Yoon, Kang, and Brody, 2016）。
2015年3月聯合國在日本仙台舉辦第三屆全球減災高峰會（Third UN World
Conference on Disaster Risk Reduction, WCDRR），會議提出了「2015年後
減災架構」（Post-2015 Framework for Disaster Risk Reduction），此架構
希望在未來15年達成下列成果：「實質減少個人、企業、社區至國家的災
害風險與損失，特別在於生命、生計和健康，及經濟、物質、社會、文化
和環境資產目標等項目。」爲達上述的預期成果，此架構設定的目標爲：
「透過從經濟、結構、法律、社會、健康、文化、教育、環境、科技、政
治和體制上的整合措施，來預防及減少對災害的危害風險與脆弱度，並加
強應變及復原重建的整備，進而提高災害韌性，以預防新興及減少既有的

表3-1 關於韌性各種不同角度思維的想法一覽表

學科	方法	作者	簡略介紹
	系統維持	Holling (1973), Pimm (1984)	衡量生態系統在面對干擾，維持系統中不同要素之間的關係的能力。
	把干擾視作機會	Folke (2006)	把韌性與將干擾視為機會而做「新事情」創新，發展「」的能力同等看待。
社會生態科學／可持續性科學	穩定度、自我組織、學習	Ostrom (1990), Carpenter et al. (2001), Klein et al. (2003)	系統可承受的改變幅度、依舊在結構和功能上維持相同控制力、系統自我組織的能力、系統學習和適應的能力。
	社會生態的臨界值	Renaud et al. (2010)	定義從一個狀態到另一個的臨界值，恢復到初始狀態或改善狀態所需的時間和投資。
	特定的內容	Walker et al. (2002), Berkes (2007)	特定的韌性：什麼的韌性？向著什麼的韌性？廣泛的韌性：系統處理多種壓力的能力。
	社區災難韌性的特徵	Twigg (2009)	The UNISDR Hyogo Framework for Action是用來定義作用的範圍：管理、風險評估、知識和教育、預防和反應災難。
危害和脆弱性的研究	社會認知	Paton and Johnston (2001), Paton et al. (2008)	韌性是基於個體能動機會的準備，和在危險事件中的行為。動機是基於對管理機構的信任、自我效力、對風險的感知能力和期望。
	社區的豐富資源	Mileti (1999), Buckle et al. (2000)	韌性代表當一個社區能承受極端事件而不遭受級級破壞性的損失、破壞、產量的減少，無大量外部援助的生活品質。

表3-1　關於韌性各種不同角度思維的想法一覽表（續）

學科	方法	作者	簡略介紹
	量化韌性和脆弱性	Moench and Dixit (2007), NCVST (2009), Cutter et al. (2008), Kafle (2011)	確認韌性的指標和特徵，並分配權重和衡量不同變量的影響。硬韌性是指在壓力下對於結構和制度最直接的力量；軟韌性是指系統在干擾事件中吸收、復原且沒有動搖根基、結構、功能情況下的能力。
	韌性懷疑論者	Lewis and Kelman (2010), Gaillard et al. (2010), Cannon and Müller-Mahn (2010), Levine et al. (2012), MacKinnon and Derickson (2012), Reghezza-Zitt et al. (2012), Mitchell and Harris (2012), Tobin (1999)	把注意力放在韌性時，也轉移了「了解決邊緣化群體的脆弱性或結構性變化根本原因的必要性」的焦點和資源。
	把韌性視為過程，向前彈跳	Manyena (2006), Manyena et al. (2011), DFID (2011)	重點是恢復，而不只是集中反抗震盪，有效適應干擾的恢復性，「向前彈跳」表示災難發生後需要的改變。
	五大主要的維持生計的方式和韌性	Mayunga (2007)	韌性系統的特徵來自可維持的生計方式，而社會、經濟、人力、物質和自然資本被視為決定因素。
	衝擊的吸收	Timmermann (1981)	測量系統或部分系統在遇到危險事件時，吸收和復原的能力。
	適應力和社會韌性	Adger (2003), Adger (2006)	社會韌性被定義為社區承受對其「社會基礎設施經濟增長、收入的穩定和干擾、自然資源依賴程度、系統內執行的動作/功能的匯款額和多樣性」的能力。
氣候變遷適應力的研究	韌性和氣候適應力之間的融合與拉力	Nelson (2010)	探討韌性和氣候適應力之間的融合與拉力，適應力在當地規模的改變時可能損害韌性（包括更廣的規模系統）。

表3-1　關於韌性各種不同角度思維的想法一覽表（續）

學科	方法	作者	簡略介紹
系統思考和組織型的改變	韌性波譜	Dovers and Handmer (1992)	韌性被認為是由三個層次組成的連續波譜，並適用於系統和組織：種類一，韌性的特點是抵抗變化；種類二，當邊際變化為了使系統更有彈性時而有了韌性；種類三，當有高度開放性、適應力和彈性時。
	系統韌性	Haimes (2009)	系統的韌性在特定的威脅（投入）、系統復原時間、相關的損失與風險下被評估。
	組織的臨界值	Robert et al. (2010)	韌性被定義為從受干擾狀態回復到系統或組織的參考狀態所需的時間和資源量。
	R4結構	Bruneau et al. (2003)	韌性是一個動態的過程，包含四個成分：資源富程度、強度、餘格程度、速度。
兒童心理學	兒童時期對於威脅的適應力	Masten (1994), Masten (2001), Norris et al. (2008)	「好的結果不論對[兒童]發展的嚴重威脅」需要累積的保護措施，但須注意反對把韌性視為對「魔法子彈」（magic bullet）的迷思。
	把干擾當成跳板	Cyrulnik (1999)	干擾提供回到初始狀態的機會；只有在經歷創傷事件後才能獲得韌性，但同時有著高於平均的憂鬱率。
經濟	把韌性當作最小化損失	Rose (2005), Duval and Vogel (2008)	系統固有能力和適應性的反應，使其能夠避免潛在損失和具有在經濟衝擊後恢復正常的速度。

資料來源：Sudmeier-Rieux, 2014: 72-74.

災害風險。」

　　由此發展來看，可以窺見聯合國全球減災的目標中，「韌性」及「協力治理」已成為關鍵核心的概念與趨勢。筆者曾在臺灣民主基金會的補助下，於2015年3月遠赴日本仙台參與第三屆全球減災高峰會。剛抵達仙台機場時，對於兩個場景印象特別深刻。一個是機場大廳內每根柱子皆標示著2011年日本311大地震時，仙台機場內的海嘯高度已經高達3.02公尺。另一則是機場內放置了許多藝術裝飾品，其說明中也提到災民的復興（復原）不僅是回復到災害前的日常生活狀態，也包括了心靈上的恢復，也因此公共藝術扮演重要的角色（如下圖所示）。

　　就災害管理的領域來看，聯合國國際減災策略總署（UNISDR, 2007）曾定義韌性為：「系統、社區或是社會在暴露於危險時，而有效的、即時的抵禦、吸收，適應和恢復危害的影響的能力，包含透過保存和

圖3-1(a)　日本仙台機場內的海嘯高度標示

圖3-1(b)　WCDRR會議期間在仙台機場所展示的公共藝術品

資料來源：筆者拍攝。

恢復其基本的結構和功能。」[1]緊接著評論：「社區的韌性相對於潛在的危險事件，由社區在必須時期所擁有的必要資源和自我組織的能力程度來決定。」（UNISDR, 2007）[2]Boin、Comfort及Demchak（2010: 2-5）等人指出，對於非例常性的災害（routine emergence），亦即所謂的「低機會，高影響」（low-chance, high impact）的事件，政府已經很難用傳統的災害管理四階段（舒緩／預防、準備、回應、復原）來因應。因此，如何設計有效的韌性系統來面對極端事件，已是政府重要的課題之一。其三人對韌性提出了一般性的定義（2010: 9）：「韌性是社會系統（如組織、城市或社會）感知到其超出一般及預期的擾動範圍時，採取前瞻作法以及從擾動中復原之能力。」[3]Zolli和Healy（2012: 7）則將韌性定義為「系統、企業或個人在面臨巨大環境變化時，維持核心使命與完整性的能力[4]」，其進一步指出韌性的兩大核心為「持續」（continuity）與「復原」（recovery）。

McCreight（2010）提出由五個維度所組成的韌性框架，包含有下列之面向：

1. 個人和家庭的社會心理健康：涉及公眾的情感意識，對災害本身的依附（和影響），以及個人的精神、決心和生存意志。

2. 組織制度恢復：處理與社會調解機構（如學校和有影響力的社區團體）。

---

[1] 原文為："The ability of a system, community or society exposed to hazards to resist, absorb, accommodate to and recover from the effects of a hazard in a timely and efficient manner, including through the preservation and restoration of its essential basic structures and functions." (UNISDR, 2007)，瀏覽於2019/3/5。

[2] 原文為："The resilience of a community in respect to potential hazard events is determined by the degree to which the community has the necessary resources and is capable of organizing itself both prior to and during times of need." (UNISDR, 2007)，瀏覽於2019/3/5。

[3] 原文為："Resilience is the capacity of a social system (e.g., an organization, city, or society) to proactively adapt to and recover from disturbances that are perceived within the system to fall outside the range of normal and expected disturbances." (Boin, Comfort and Demchak, 2010: 9)

[4] 原文為："The capacity of a system, enterprise, or a person to maintain its core purpose and integrity in the face of dramatically change circumstances." (Zolli and Healy, 2012: 7)

3. 經濟和商業服務與生產力的恢復：在於重新提供因災害而導致失效的服務與商品。
4. 恢復基礎建設系統的完整性：例如電力、水、下水道、通信和相關功能的關鍵基礎設施可以恢復運行。
5. 公共安全和政府的操作規律性：最後，必須恢復政府服務和公共安全。這涉及一個緊迫的問題，亦即社區在如何實現韌性上，需要透過提高其生存能力和持續發展面向，來作爲未來災害管理的目標和評量標準。

　　Zolli與Heady（2012）指出，討論災害韌性時要考量到網絡的重要。不管在任何領域，網絡是通用的抽象語言，其描述資訊、資源、行爲如何在複雜系統裡流動。有韌性的社群多半仰賴非正式的網絡，彼此間有強烈信任，並一同對抗失序並且撫平傷痕。由上而下強加的韌性多半無法成功，但如果一般人日常生活的關係也同樣眞誠努力強化，韌性就會日益茁壯。高恢復力的社群或組織，總是在組織核心有一類特殊的領導者。不論男女老幼，這些「轉譯領導者」（translational leader）舉足輕重，多半在幕後連結不同的組成分子，把各種相異的網絡、觀點、知識系統、議程，融會整理成和諧的整體。這些領導者在騷動的過程中能夠促進「調適治理」（adaptive governance），這是一種集合正式機制與非正式網絡，藉以共同回應危機的能力。韌性也代表著靈活和適應性的意思，亦即在事件發生當下能立即使用可用資源來創造當下所需物件的能力。組織爲了建立具有韌性的能力，可能從過去的威脅中學習，來創建更強大的能力以預防和管理未來的事件（Ross, 2013）。

　　相對於過去對災後重建的描述性分析，近年來災後時期的社會學研究特別重視社會韌性（social resilience）。面對災難的衝擊，有些地區的災情訊息傳遞更快，並組織有序的避難行動且快速撤離；有些社區災民團結救出受困的親友與鄰居，比其他社區死傷機率更低；有些地區更早完成安置的臨時住宅，並且啓動永久住宅（permanent housing）與公共設施重建；有些地區的民眾或社區能迅速恢復經濟生活，比其他地區恢復

的更快或者是更好（李宗義、林宗弘，2013）。儘管韌性承諾（resilience promises）的過程帶來複雜性，但協力災害治理網絡的多元行動者可以在災害事件發生後爲社區創造新的變化。然而，要在地方層面實現這些改革，仍舊需要致力於韌性的適應過程，在過程中有四項重要的屬性表徵，分別爲即興操作（improvisation）、協調力（coordination）、社區參與（engagement of the community）、耐力（endurance）。首先是即興操作，在當本地的解決方案啓動後並滿足災害需求，適應性的過程就開始，而恢復功能和社區重建的即興行動會更加靈活；第二是協調力，主要是連接資源以滿足災後應變和恢復需求的部分，這對恢復過程的可持續性有著至關重要的地位；接著是社區參與，表示社區和主要利害關係團體參與恢復相關決策，廣泛的社區團體參與會有助於產生更好的解決方案；最後是耐力，在災後環境中要恢復到原本的狀態可能需要長時間的建構，過程中是需要一定的能耐才能夠持續堅持下去（Ross, 2013）。

　　綜合來看，目前對於韌性概念定義的共識爲：它廣泛的被用來描述一個個體、群體、機構、社會或系統正面處理快速引發衝擊或重要及持續已久的壓力源。這些通常都是被視爲外部強加的衰弱因素，如自然災害和人爲災害、衝突、貧困、衰敗、資源匱乏、環境惡化、乾旱和疾病。透過這種方式，韌性典範將讓災難因果關係由環境決定論轉變社會建構論。因此災難不僅完全由危難引起，且也是導因於社會結構的不平衡，因爲它減少了群體對抗衝擊和壓力的能力（Manyena, 2014）。

第二節　災害韌性能力與衡量

　　災害韌性漸漸地被認爲是一個不可或缺的社區抵禦危險能力，具有更強抗災能力的社區通常受到災難影響會更少，同時災後的恢復期也會縮短許多（Yoon, Kang and Brody, 2016），而要建構災害韌性系統，則需要先了解災害韌性能力（disaster resilience capacity）相關的意涵。McCreight（2010: 5-6）指出，韌性能力是組織或社區在危機或災難事件後的反應能

力，但它也可以指吸收壓力和抵禦破壞性災害的能力，其認為建立韌性可能需要從被動方式轉為主動方式，以有效實踐危機管理和從災害中恢復。韌性能力具有三個特性：1.穩健性（robustness）：面對災害能保持關鍵的營運和功能的能力；2.資源充足性（resourcefulness）：足以準備各項資源以應對危機的能力；3.快速恢復力（rapid recovery）：快速恢復或重建的能力。上述各項特性對於領導者來說，應該致力於確保其基礎設施系統有足夠承受重大災難的能力，並能在人為或自然災害發生後儘快重新建立標準化的服務。

　　Lengnick-Hall和Beck（2016）認為，一個組織的韌性能力是由特定的認知、行為以及環境因素所創造的。認知韌性（cognitive resilience）對於替代品的選擇以及在主要活動上是有所貢獻的；行為韌性（behavioral resilience），是一種經過緊急事件磨鍊之後的行為反應，這種行為是對於干擾狀況的反應，並且透過例行工作、互動方式發展出來，以做為組織的回應。這些行為被用來設計、創造，以及促進組織的彈性。環境因素所顯示的系絡韌性（contextual resilience）描述了互動與資源的網絡，它們提供了組織因應干擾性條件的事件背景。系絡韌性結合了能夠提供快速因應危急情況以及潛力資源的人際關係，並且結合了擴大資源範圍潛在捐贈者的網絡。

　　另有論者從適應能力（adaptive capability）做為理解韌性能力的面向。適應能力在生物學被定義為一種可以生存、適應變動環境的能力。它是一種狀態及一個適應特質，此能力相關架構的內容、功能或是機制的行為，對於確保適應性是有所幫助的。適應能力不是一個普通的性質，但其代表著一個特定環境的範圍、不同的人口或是不同的物種（Gallopín, 2006）。Norris等人（2008）表示，個人和社區的抵禦能力對於災後的幫助仍然有限，因為它代表的是阻止壓力源再持續發生，若要能讓社區恢復成災害事件發生前的樣貌，那麼韌性是更需要關注的部分，而這也和適應能力有所關聯。

　　進一步來看，Ross（2013）表示雖然韌性這個概念有各種定義的方式，但其中皆有兩個基本的組成要素，其一為韌性是一組能夠適應新情境

的能力，主要意涵爲這些能力影響組織在面對系統性的破壞時如何能夠適應；其二爲韌性是一種適應的「過程」，表示具有韌性的組織在遇到災害時，並非能立即恢復到原本的條件，而是因應災害所產生的新狀態的過程。總結來說，韌性既是一組能力又是適應的過程之外，也應將其理解爲一種動態現象，能隨著時間和不同行動者而有所變化。適應能力強調能夠在災害事件發生時能作爲應變的資源，它可以存在於個人或集體上，並能爲緊急事件的個人或社區做好準備的能力，而當社區面臨危險災害時，就會觸發危機管理系統開始運作。

此外，Manyena（2014）認爲在有關政治生態以及全球環境改變的文獻中，韌性與適應性能力的概念也有關係，亦即一個在這樣的環境系絡下系統應該具有適應改變、調節及處理干擾的能力。適應性能力是需要減少氣候變遷影響的能力，特別是在氣候有關的災害中，一般來說適應能力會受到經濟發展、技術，以及社會因素的影響，例如人力資本或是治理因素。然而適應能力同時具有積極面和消極面。積極的適應能力是取決於制度規章、規範和行事風格，包含技能、能力與知識，以及使用這些工具達到既定目標的意願。消極的適應能力偏向於違反制度規章、規範以及價值觀之後的回應或處理措施，例如貪污、壓迫以及侵犯人權。而雖然適應能力主要和氣候變遷有關，該概念也可以被運用在許多情況，如氣候、經濟、衝突或其他壓力及衝擊。

韌性能力可從不同的層次來觀察或分析，例如從個人的層面來看，當人們遇到像自然災害等大型事件創傷，可能會造成他們短期或長期的心理影響，其影響程度需視個人與事件的嚴重情況而定，對於警、消人員或救難人員來說更是如此。作爲災害應變第一線的工作人員，他們可能會面臨到有害的天氣條件、失去家庭親人、極度疲勞、目賭災害狀況等多重的壓力，這對於警員的心理健康皆會造成一定程度的影響。根據研究表示，包括像宗教信仰、更多元的生活方式、對生活有新的認識、爲自己未來發現新的可能性、多與他人接觸等各項因素，皆能夠對於災害事件後的人員心理創傷的恢復有所助益（Adams and Anderson, 2019）。

從社區、社會或城市的角度來看，彭狆、郭祖源、彭仲仁（2017：

61-62）等三人綜合整理關於社區韌性的文獻表示，社區韌性是韌性在城市內部空間的典型應用，涉及個體和地方社區兩個層面，主要體現在能力、過程和目標三方面。首先，韌性作爲能力集合包括有：穩定能力、恢復能力、適應能力。前兩種能力是被動的，而適應能力是主動應對。其次，韌性若作爲成長過程，則此種成長爲一個可以適應各種變化保持發展的系統，亦即具有學習能力、自我組織能力，靈活性的社區主體可以化被動爲主動，在防減災、準備、應對、恢復和重建各個階段可以有目的地提升能力，甚至設定社區理想狀態。最後，若視韌性爲發展目標的話，其最終目的是說明社區應對災害；因此，韌性可以作爲是否獲得檢測能力及此過程是否經過評估和測量。目標的實現依賴社區、政府、非政府組織的共同協力、經歷過程、培養能力，以最終實現共同目標。

　　另外，韌性能力也可從組織和制度的層面來進行檢視，例如地震、海嘯和颶風等自然災害都可能會導致極端運作環境的產生，在這些自然災害發生的狀況下，溝通管道可能因爲高度不確定性和中斷，讓組織會因此而崩潰，而變得極難運作。這樣的情境也可能會使得組織反應變得遲鈍以及出現弱化政府的情況。這些組織無法迅速重整其運作以因應災害的產生，主要原因是制度及相關活動太過單一、不具彈性所造成的（Quarantelli, 1988; Cruz, Delgado, Leca, and Gond, 2016）。換言之，制度韌性中的韌性意義，即在於制度在面對災害的情況時得以維持穩定、持續發揮其應有功能、吸納各項衝擊與調適環境變遷的能力。反之，若是其核心應有功能無法被實踐，就算其運作程序、預算、人員及組織架構依然存在，該制度仍被判定因缺乏韌性而破毀（陳淳文，2017：5）。

　　關於韌性能力的衡量近來也成爲討論的焦點，Tierney（2014）從社會建構探討系統韌性時，提出了可以從下列核心概念進行韌性的測量，包含有：社會資本（social capital）：人們、社區、群體在災難中願意幫助別人的意願。信任（trust）：依賴先前經驗、專業、知識、與即時行動的程度。資源（resources）：包括重要的知識、資源與分享的能量。共享的目標（shared goals）：可能是最重要的項目之一，應儘早將明確的目標匯聚後向全體社區說明。適應性（adaptation）：在評價社會環境中解決技巧時

可以努力強化的特性。

　　另一方面，使用指數（index）來評估災後的韌性通常是災害管理和規劃的關鍵要素，Parsons等人（2016）認為在這些評估當中出現的七個共同屬性是在設計任何災後韌性評估時，都應考慮的。這些屬性包含了：1.評估目的；2.由上而下或由下而上的評估；3.評估量表；4.概念架構；5.結構設計；6.選擇指標；7.指數的計算、報告與解釋。基於此，Parsons等人（2016）根據韌性評估（resilience assessment）上述的特性來分析澳洲自然災害韌性指數（Australian Natural Disaster Resilience Index, ANDRI）之設計。在其研究中，韌性能力是一種基於吸納（adopting）和適應（adaptive）能力的分層設計，代表了災後恢復的潛力。吸納能力是人們或組織利用現有資源、技術和機會來吸納災後可能導致不利結果的手段；而適應能力則是透過學習來適應和調整的過程。前者可分為社會特質、經濟資本、基礎設施和規劃、緊急服務、社區資本和訊息等主題；後者則分為治理、政策、領導和社區參與等主題。

　　另以韓國為例，其在自然災害所造成的經濟損失不斷增加，在過去半個世紀中，來自於自然災害的損失已超過410億美元以及近10,000人死亡。而這樣的狀況也與韓國的地理位置分布有關係，其多數地區都容易受到自然災害影響，這部分也是由於人口集中和脆弱性[5]的關係所造成的，而全球氣候變遷則加劇了自然災害的頻率及強度。在韓國災害韌性愈來愈

---

[5] 韌性與脆弱性（vulnerability）的概念經常被一起討論，其內涵的異同也經常受到關注。脆弱性可謂是在社會傾向或生態系統上，因極大外部的壓力與干擾而受到傷害的程度。（At an abstract level, the social and ecological dimensions share concerns with the level of impact of a change and the ability to cope with the stress and to continue functioning.）（Kasperson, Kasperson, and Turner, 1995，瀏覽於2019/4/26）。簡而言之，可以把脆弱性視為體質。Sudmeier-Rieux（2014: 68）舉了一個例子來說明脆弱性與韌性的不同：許多在開發中國家的專家和研究者已經知道在很多邊緣化的社區，例如貧窮的、低食品安全的、資源缺乏的社區通常具有韌性。這樣的社區已經適應了嚴苛的環境、經濟、社會狀態，也就發展成具有韌性。他們通常居住於危險的地方，因為有錢人已經占據了安全的地方，而非對其人身安全的不認知，就只是為了滿足基本需求，當遇到危險的事件，這些社區通常是第一個被波及的，同時也是第一個回到現狀的，因為他們簡單建構的居所比起那些結構複雜的更容易修復。但是關於修復的經驗和知識則除外，這些觀察結果導致了種種矛盾，像是貧困的家庭雖然具有韌性，但同時也是極度弱勢的和有高度風險的；換句話說，增加韌性並不等同於減少了弱勢和風險。

被認爲是個重要的能力，建立一個能夠應對災害的社區也成爲災害管理的目標。雖然研究人員和實務工作者對抗災能力愈來愈感興趣，但韓國卻很少有相關的實證研究，因此Yoon、Kang和Brody等三人（2016）提出適合韓國社區災害韌性的概念。其三人認爲災害恢復程度可以說是透過韌性能力程度和災害脆弱性來確定，其公式如下：

$$災害恢復程度 = \frac{能力程度（degree\ of\ capacity）}{脆弱性程度（degree\ of\ vulnerability）}$$

　　Yoon等三人（2016）針對韓國的社區設計適合的社區災害恢復能力的指數（Community Disaster Resilience Index, CDRI），並透過一系列有關人類、社會、經濟、環境和物理方面的指標加以衡量。其三人認爲經CDRI的評分衡量後，有較高得分的地區具有較高的抗災能力，面對災害時也應該會有較小的損失，因爲有恢復能力的社區會以最小的影響來應對災害的發生。

　　值得注意的是，潘穆燮、林貝珊、林元祥（2016：71）等人提醒，台灣許多災害學科的學者會以國外的韌性經驗之研究文獻及其災害韌性評估指標爲基礎，參酌後會試圖建立台灣的災害韌性指標。然而從系絡（context）考量的話，有時候援引國外經驗研究的指標可能無法適當描繪台灣特有之環境系絡特色，如政治特色、外籍配偶、外籍勞工、原住民族、防災制度等本質，而無法產出適合台灣環境、文化、生態與社會本土景況的指標。換言之，培養不同社區的災害韌性能力還是必須考量到不同系絡的問題。

　　誠如Comfort等人（2010）提出設計韌性（design resilience）之概念，其認爲災害預防的成效難以完全落實，但防備的設計卻可落實到具體步驟、方案與資源整合及配置。即使是無法預防災害發生，然而在其發生後的處理應變能力與面對態度，均會因爲整備過程而更能採取有效因應措施。因此，不同於傳統災害管理的應變與復原是著重於災後的階段，韌性及其相關能力的培養兼具前瞻性與設計性的思考。在協力災害治理中，亦

期待多元行動者在提升韌性能力之後，能夠進而建構完整且具有效能的災害韌性系統。

第三節　社區災害韌性系統的建構

關於韌性社區與城市（Resilient community and city）的概念在國內外逐漸興起。1990年地方環境行動國際委員會（International Council for Local Environmental Initiatives，簡稱ICLEI）成立後，迄今已有86個國家、超過1,000個地方政府成為會員，為全球最大的承諾永續發展之地方政府網絡。為了實踐1992年地球高峰會議所提出的「二十一世紀議程」第二十八章「地方二十一世紀議程」（Local Agenda 21, LA21）之目標，ICLEI持續推動韌性社區與城市。台灣已有許多地方政府加入其東亞會員，其中高雄市並設有該組織的東亞地區永續發展能力訓練中心（ICLEI Kaohsiung Capacity Center）（ICLEI, 2019, accessed on 2019/5/22）。近20年來學界也針對社區災害韌性系統建構提出許多研究及看法，本節將從社區自我組織以及建構社區災害韌性系統關鍵要素加以討論。

一、社區自我組織與災害韌性

對於災後的復原而言，社區需要有目的性地將資源和想法進行整合，以確保社區成員能在災後可以加以運用。因此，不論是社區、國家或是聯邦政府，都需要清楚定義自己的角色，才能更有效的進行分工。除此之外，社區領導者、公民與政府應該要能適當的來制定必要的標準、指標和要求，且要將公民、社區、企業、社會組織和政府之間連結成一個「具有智能且自我感知的系統」（intelligent and self-aware system），並將資源有效地分配和發展出真正的韌性，才能在災後儘快地將社區整頓回令人滿意的狀態（McCreight, 2010）。

換言之，社區韌性系統的建構已是協力災害治理的關鍵共同目標。所

謂的系統既有外在的整體性，也有一套內在的機制保持其整體性。儘管很多系統本身可能是由各種無生命的要素構成的，系統會產生各種變化，對各種事件做出反應，對各種錯誤或不足進行修補、改善和調整，以實現其目標，並生機勃勃地生存下去。系統可以自我組織（self-organization），並且常能藉由局部的瓦解自行修復（self-repairing）；它們具有很強的適應性，很多系統還可以自我進化、演變，生成另外一些全新的系統。從系統的角度來看，韌性指的是系統在多變的環境中保持自身的存在和運作的能力（Meadows著，邱昭良譯，2016：45、137）。

　　進一步來看自我組織的概念意涵，其主要是藉由系統設計來幫助決策的基礎。不同於一般的決策過程有較充分的時間與資訊進行方案的分析與選擇，災害發生時的決策通常包含下列幾個特性（Lerbinger, 1997）：突發性、決策時間短、威脅性。當重大的災害突然的侵襲社區，民眾若要等待公部門或其他救援機關來協助，通常已緩不濟急；因此社區必須擁有因應災害的韌性能力，並必須將不同行動者的韌性能力結合起來以建構社區韌性系統。在非線性及動態特性下，此種社會能夠產生一種「自主式組織程序」（self-organizing process）才足以重配資源及行動，使危機情境獲得紓減，以致能穩定運作（Wheatley and Kellner-Rogers, 1996）。

　　社區的自我組織具有三個要件，包括：認同（identity）、資訊（information）、關係（relationships）。組織運作乃基於一個認同，亦即有個「自己」（self）是可以組織的。組織的認同包括它的歷史之現今詮釋、現在的決定與活動，及它的未來感，組織成員會用他們共享的認同感去創造他們獨特的貢獻。資訊是藉由組織來媒介（medium），其存在於組織生命系統的中心。只有當資訊屬於組織每個成員，成員們才可以在顧客、競爭者或環境間之轉換，並快速有效率地組織。最後，關係則是組織的路徑（pathway）。透過關係，資訊被創造與轉化，這個組織的身分擴張至更多的利害關係人以及使這個組織變得更明智。若缺乏連結（connections），什麼事情也不會發生（Wheatley and Kellner-Rogers, 1996）。例如，1987年的Whittier Narrows地震，交通信號燈熄滅了、交通停滯不前，在此情境下一名司機把他的車推到路邊，開始在十字路口指揮

交通，其他司機觀察到也開始這樣做。因為「公民交警」（citizen traffic cops）自發承擔協調交通的責任，此為一個集體目標，也使交通開始流動。適應不斷變化的環境的能力，對於在災害環境中維持績效非常重要（Comfort, Sungu, Johnson, and Dunn, 2001: 146）。

　　Aldrich和Meyer（2015）認為，儘管無處不在的災難威脅以及維持人類生活和財務成本日益增加，但許多研究和政策仍然側重於以物理基礎設施為中心的因應方式。美國國土安全部（Department of Homeland Security）、美國聯邦緊急事務總署（FEMA）、美國國際開發署（United States Agency for International Development）和英國國際開發部（United Kingdom's Department for International Development）等政府組織過去20年來繼續大力發展硬體設施，改造現有住房和修復受損設施。Aldrich和Meyer（2015）二人的研究則強調了社會資本（social capital）和網絡互動這二個面向，在社區災害生存和恢復中的關鍵作用，並認為應該要通過加強社區層面的社會基礎設施，以增強對災害的抵禦能力。申言之，社區的自我組織功能與韌性系統建構有著高度的相關，了解自我組織與複雜性（complexity）的原則有助於增進系統的韌性（Roggema, 2016: 168）。

二、建構社區災害韌性系統

　　細究所謂社區災害韌性之概念，Bowen（1998: 5）界定其為一個社區面對不論是常態性或非常態性災害所帶來的後果，其能夠建立、維持或重獲一個合乎預期或滿意的功能範圍，而此一功能範圍是與災害前壓力或功能運作相同或更提升。Blankenship（1998）則認為社區災害韌性是：1.社區可以去尋求探索不同的資源；2.社區尋求資源的過程和方法中，亦能促使社區民眾知覺並界定災害及社區潛勢壓力來源；3.社區成員能夠了解社區對於災難壓力如何因應的方法。

　　從協力治理的觀點來看災害韌性社區（disaster resilient community, DRCs），Geis（2000）認為社區必須藉由協力的過程，並將一些普遍的設計考量及指引方針放進計畫以及決策中。例如：建築法規與自然環境間

的關係、地方性的支持系統和發展功能、交通運輸與效能設計（配置結構、層級以及座落點）、社區發展與成長模式、開放空間的設計與模式、住宅與社區的設計、獨立或群體的建築設計、緊急管理功能設計（如出口、通道、樓梯間）、社區設施的落點與容納量，以及利用維護及重建管理作為重要的緩衝工具。這些前瞻的設計領域有一套特定方針，在實務上則有助於落實社區災害韌性建構之目標。此外，為了在自然危害環境中發展交通運輸系統及設施，希望能將交通運輸系統及設施設計成重要的角色，像是在極端事件或任何災害發生時、發生後，不論是效能系統及設施系統間的彼此連結（如水路、下水道、燃氣、電及通信）、緊急管理功能與出口通道的強化（如庇護所、健康安全設施食物及水的供給）或是公共及自然開放空間系統的連結等，皆能夠最小化災害對住商的影響。

　　公共行政領域已逐漸了解到系統設計的重要性，而設計實務措施主要是藉由新方式結合已知的特徵，這個過程有時會被描述為「拼接」（bricolage），主要在於了解如何將一組實務作法從源頭推向至實踐目標的方法。增進系統設計實務的可行建議包含有：從經驗中學習、需要學習和分析過往的經驗，以及用直覺做為論證的證據（Barzelay and Thompson, 2010）。為了有效的建構災害韌性系統，Norris等人（2008）依時間推移來看壓力抵抗和韌性模型，其認為在資源是足夠的、重複或多元的情況下，即使面對災害的衝擊，社區也不至於完全喪失功能。換言之，面對嚴峻的災害挑戰，則需有愈強的資源才能創造抵抗或韌性。另一方面，組織若採取抗拒的方式以適應環境，似乎在某種情況下可以暫時解除危機。但是如能有豐沛、多元與迅速到達的資源，即便有暫時性功能的喪失，亦可以透過復原韌性，以改善災後環境。

　　至於如何建構社區的災害韌性系統，Norris等人（2008）也提出一個經典的架構。他們認為災害韌性是來自於一系列的適應能力，這是一個很重要的觀點，因為韌性本身會依賴該地區的可提供的資源以及上述所提及的資源動態屬性。此外，也需要考量的是社區能力（community competence）或是社會資本（social capital）（Aldrich, 2012; Aldrich and Meyer, 2015; Tierney, 2014）。Norris等人（2008）進一步說明四項社區災

害韌性系統的關鍵資源，包括了經濟發展、社會資本、訊息和溝通以及社區能力，茲分述如下：

（一）經濟發展（Economic Development）

1. 資源量與多樣性

社區會受到大量的社會和經濟力量影響。從宏觀的經濟角度來看，韌性不僅取決於個體企業的能力，也取決於所有依賴他們的外界實體能力，但是社區韌性程度除了要看其經濟資源的含量，更取決於其多樣性。值得注意的是，若我們單看其經濟資源是高的時候，會誤以為該社區會有高的韌性，但其經濟資源可能有很高程度是來自於單一的個體企業，那麼其風險或抵禦能力不見得會是高的；反之，若當地的經濟資源是高的且擁有多樣的來源，那麼對其適應能力是有正向影響。

2. 資源公平和社會脆弱性

社會若無法很平等地分配其資源，這會使得最貧困的地區成為災後最脆弱的環節（Norris, et al., 2008: 136-137）。

（二）社會資本（Social Capital）

1. 網絡結構和鏈結

網絡結構是社區能力重要的環節；此外，韌性系統也需要考量網絡鏈結之密度、分層系統以及其中心樞紐之重要性。再者，網絡鏈結沒有冗餘性的話，其系統將非常容易受到攻擊，所以網絡內的個人、團體和組織的多元性和緊密程度對於災害抵禦來說，亦相當重要。

2. 社會支持

指的是為個人提供實際幫助以及社交互動之可用關係網絡，其功用包含了心理健康的支持、減低壓力與負擔以及訊息的獲得，若社會支持呈現著互惠的狀態時，將可能最大化其功用。社會支持關係的衡量包含了互動的頻率、強度以及成員從社會關係中所獲得的益處。

3. 社區黏著度、根源與承諾（community bonds, roots, and commitments）

在大多數情況下，社會支持是可以幫助家庭和友誼的網絡行為，但社會資本還包括個人與其社區之關係，因此社會資本的三個關鍵維度是社區意識、地方依戀和公民參與（Norris, et al., 2008: 137-140）。

（三）訊息和溝通（Information and Communication）

1. 通知公眾的系統與基礎設施

訊息和溝通在緊急狀況下是至關重要的，社區民眾需要接獲有關危險的準確訊息，才能作出較正確的行為選擇。因此要先具備能通知公眾訊息的系統與設施，才能進行後續訊息播送的動作；但從近來的研究中可發現在災害情況發生時，這些通訊系統和設施仍然還有可以進步的空間。另外，只有在訊息是正確旳情況下進行傳播，才能提高民眾在災害時生存率，這是因為在緊急情況下，是沒有時間來檢查訊息的正確性，這些要素皆是需要再進一步考量的。

2. 溝通與敘述

溝通與敘述對於社區成員來說，是有助於他們同理社區存在的意涵，更能提高他們對於地方的聯繫感，進而影響其對災害的抵禦能力。在這個過程中，媒體管道也扮演著重要的角色，它們對於事件和訊息的理解也會影響到人員所接收訊息的程度（Norris, et al, 2008: 140-141）。

（四）社區能力（Community Competence）

1. 集體行動和決策

社區能力的基本要素包含了建設性地參與群體的過程、解決衝突、數據蒐集和分析、抑制負面影響的能力，這些要素皆與集體行動有所關聯，但這又會牽涉到複雜且具挑戰性的威脅。從集體行動的邏輯（the logic of collective action）來看，「……除非是團體中的成員數額極少，或是有強

制性的特殊設計，否則理性及自利的個人均不會爲公共利益而行動」。風險傾向的社會中，個人會爲本身利益而採取行動及關注去紓減個人可能的危機（居住之建築物品質，違建區之重劃），但對於整體社區（社會）的抗災能力改善所必需的集體行動，卻未有任何增強的行動，前述自我組織學理上的討論，目的即在提出集體問題解決的有效行動（詹中原，2004）。

2. 集體效能與賦權（collective efficacy and empowerment）

「集體效能」反映了人民對社區組織行動有效性的信任，而也有學者將其定義爲人們相互信任和共同合作意願的結合。個人集體效能的集合將增加與社區合作的程度，進一步提高相關措施成功的可能性；而「賦權」則是透過一系列的正式授權，來提高人員參與有意義行動之權力，這兩項概念的重點在於強調人員的參與程度，並由過去的被動型態，轉爲更積極的行動（Norris, et al., 2008: 141-142）。

近幾年學術界也有從協力的角度來形塑韌性系統之模型，例如Ronan與Johnston（2010）二人曾提出「強化系統4R預防模式」（The Strengthening Systems 4R Prevention Model）。在此模式中，其韌性系統是指受災社區可以透過不同多元組織、專家、社區團體進行合作與溝通以面對社區的災害與危機。基於災害四階段4R的運作程序，包括準備（readiness）、降低危機（risk reduction）、回應（response）和復原（recovery），進行災害教育與緊急危機管理。Cutter等人（2008）曾提供六個面向來檢視災害韌性系統之建構，包含生態（ecological）、社會（social）、經濟（economic）、制度（institutional）、基礎建設（infrastructure）及能力（competence），每個面向中也都提出了可供測量的候選變項（candidate variables）。Dabson等人（2012）在Norris等人的基礎上，進一步提出韌性社區的架構，其包含五個成分，分別爲衝擊來源（the source of the shock）、社區因應衝擊的能力（the community's capacity）、立即的影響（immediate impact）、社區災後的運作軌道

（community's subsequent trajectory），以及實際的產出（the eventual outcome）。其中衝擊包含兩個要素：範圍與嚴重性；社區能力也包含兩個部分：固有的脆弱性和可及的資源。另外，影響係指社區在衝擊下是否喪失功能，而運作軌道則包含抗拒、復原、韌性建構，及永久失能等四個路徑。最後的結果則包含有抗拒或復原可能讓社區有事件前的功能，韌性系統會促進新常態（new normal）的產生，而永久失能則容易讓社區達到某種程度的臨界點。

　　綜合言之，系統之所以會有韌性，是因為系統內部結構存在很多相互影響的反饋迴路，正是這些迴路相互支撐，即使在系統遭受巨大的擾動時，仍然能夠以多種不同的方式使系統恢復至原有狀態。如果有一組反饋迴路，可以修復或重建反饋迴路，系統的韌性就比較強，也可稱為元韌性（meta-resilience）。由具有更高適應力的反饋迴路組成的元元韌性（metameta-resilience），往往具有更加複雜的系統結構，有更強的復原能力，可以學習、創造、設計和進化。這類系統具有很強的自組性，也是系統的基本特徵之一（Meadows著，邱昭良譯，2016：137-138）。

第四章

協力災害治理的互動：
網絡管理策略

　　網絡與當今複雜的政策環境有相當顯著的關聯，由於各界的財政壓力和資源短缺，對單一組織帶來更大的挑戰，而公共行政相關人員則開始依靠多元的夥伴關係以實現政策的計畫和目標。公共行政學者在分析公共管理和治理方面的合作關係發展時，看到了許多網絡分析和網絡理論的實用性。Fountain（1994: 273）特別指出：「網絡觀點既提供了豐富的描述能力，也提供了嚴謹的方法論，用於研究公共管理對組織和組織之間的現象，提出非常重要的微觀和宏觀層面的觀點。[1]」根據O'Toole（1997: 45）的觀點：「網絡是涉及多個組織並有相互依賴關係的結構，其超越了縱向層級與正式從屬的關係。」[2]透過這些橫向的連結，組織間的資源和專業知識的多樣性，有助於提升公共組織能解決單一組織無法解決複雜問題的能力。因此，當前有項重要的目的是，要能擴展在多個組織中，如何進行合作、協調、協力之安排和過程的理解（McNamara, 2015）。圖4-1呈現了當前協力治理網絡的概念。

　　Comfort、Cigler和Waugh（2012）等人亦曾指出關於當前災害管理研究的幾個重要趨勢，其中一個為災害的網絡分析（network analysis）；其意涵在於把重心轉移到理解不同組織，和參與減緩風險和應對破壞性事件的行動者之間的相互作用。研究焦點轉向界定這些事件的主要參與者、衡量彼此互動優勢、劣勢的方法，以及它們之間的關係，其揭示了在組織間的災難反應和恢復系統，在功能運轉時和功能失調時的鏈接。當多元行動者災害韌性系統建構之共同目標逐漸實踐之際，每個行動者之間的網絡互動與管理也愈加的重要。因此，本節將從探討協力網絡的意涵，並探討協力網絡的互動策略及其成效。

1　原文爲："The network perspective offers both rich descriptive capacity and rigorous methodologies for study of both micro- and macro-level organizational and interorganizational phenomena of great importance to public management." Fountain (1994: 273)

2　原文爲："Networks are structures of interdependence involving multiple organizations or parts thereof, where one unit is not merely the formal subordinate of the others in some larger hierarchical arrangement." (O'Toole, 1997: 45)

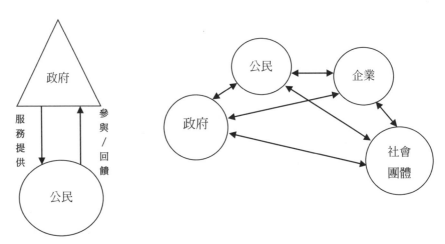

圖4-1(a)　傳統科層治理結構簡圖　　圖4-1(b)　協力治理網絡結構簡圖

資料來源：王俊元，2006：57。

第一節　協力網絡治理的意涵與結構

一、協力網絡治理的意涵與發展

　　社會科學的領域早自1950年代就開始有關於網絡的研究。網絡一般性的定義，可被視為一組行為者（actors）特定型態的社會關係所形成的「節點」（nodes），這些「節點」涵蓋行為者之間的利益與權力關係，而透過此種關係可進行資源與資訊交換等互動行為，並形成獨特的資源相互依賴關係（interdependence）（Laumann et al, 1978: 458）。網絡分析強調公部門與私部門組織間的相互依賴性，主張若缺乏其他部門的資源，行為者本身不易單獨達成其目標，因而行為者之間的互動模式是在各種政策議題（policy issues）、資源集群（resource clusters）上進行，且這些互動模式有相當程度的持續性與穩定性。此外，網絡中擁有遊戲規則，並規範行為者的行為與資源分配，而資源分配與遊戲規則是動態性的（dynamic）與互動性的（interactive）（Rhodes, 1988）。

傳統政府、私營部門和非營利組織的結合，形成了一種治理的新方法，融合了三個部門的優勢和需求，並從高度集中的控制機制轉變成同等貢獻的治理機制。愈來愈多的橫向關係也可能造成問題複雜化的結果，這些問題需要使用非傳統垂直關係的管理工作來解決（Kapucu, Arslan, and Collins, 2010）。當代公共事務的治理型態中引入了更多「利害關係人」（stakeholders）來參與，透過彼此連結，納入更多元的參與者以進行互動，因而獲得更符合公民需求的最大共識，形成了協力網絡治理（collaborative network governance）概念（呂育誠，2006）。網絡代表了一種愈來愈重要的方式來提供公共服務，也是負責協調網絡環境中公共管理人員所面臨的困境。公共管理學者認為，許多公共政策和計畫並非由單一政府機關所提供，而是與一系列多元機構的協議、夥伴關係、協作和涉及政府和非政府網絡共同之實施有關（Herranz Jr, 2006）。治理網絡的出現是因為解決問題的能力（例如領導力、員工、法律權威、技術、資金等）廣泛分散並隨著時間而變化。網絡為這些參與者提供了一種手段來制定集體決策，建立共同的政策或優先事項，改善協調，並找出有效協力的方式（Imperial, Johnston, Pruett-Jones, Leong, and Thomsen, 2016）。

Rosenau（1992）強調治理是一種協調的過程，在此過程中政府已非唯一的核心行動者。他進一步指出，在探討治理時不但必須特別重視這個互動過程所形成的網絡關係，也必須注意治理過程所形成的有利於政策結果的調控及秩序。誠如Kooiman（1993: 22）所指出，在政策執行過程中，沒有一個行動者能夠擁有足夠知識處理日益複雜的問題。因此，新治理需要公私部門合作、組成不同網絡、共同分擔責任且相互授予權力與能力，如此方能達到政策的最佳結果。Rhodes（1996: 659）將治理視為一種「自主的組織間網絡」（self-organizing inter-organizational networks），它同時跨越了公、私和自願等三個部門。依此角度觀之，政府應善用並整合這三個部門各自運作機制之特質以及優勢，以有效發揮彼此間不同的利基組合。Provan與Kenis（2008: 231）界定網絡的概念為：「三個或更多法律自治組織的團體，他們共同努力不僅為了實現自己的目標，而且可以實現集體目標。這種網絡可以由網絡成員自己自行發起，或者可以是強制性

或經由契約的，這在公共部門中通常是這種情況。」[3]Emerson和Nabatchi（2015）則從結構面來分析協力治理的內涵，認為社交網絡的研究提高了學者對個人、群體和組織之間結構關係的理解。因為協力治理需要涉及多方面的利害關係人，而社交網絡的理論恰能解釋彼此間的連結與關係，網絡分析則可透過系統的方式來繪製網絡內的關係和強度。具體來說，治理網絡與協力治理的概念相較，除了共同具有多元行動者以及共同目標、價值的特性之外，治理網絡更加強調相互資源依賴關係與結構。

　　Kapucu、Arslan與Demiroz（2010: 454）曾明確指出，當提到協力時就必須談到另一個名詞，也就是網絡。要能使成員之間產生合作的意願並形成網絡是要有一項必要的條件，即為協力運作能力（interoperability），其具有兩個要素，一個是涉及不同組織的資源如何協同工作的操作要素；另一個則是涉及來自不同組織的資源如何相互交流運用的技術要素。然而，在協力災害治理網絡中要展現領導力是很難的，因為它們的組織僅是網絡性質，而在這個網絡環境中，要擔任危機管理領導的角色也會變得更加艱難。他們要能協調不同的參與者，並且要能夠理解不同組織間所使用的術語。基於這種訊息混合傳遞的複雜性，多元行動者需要制訂策略並快速地做出重要的決策。在這個過程當中，能夠擁有轉換型領導的能力是重要的，其特徵是要有領導者的魅力來影響參與的成員、能夠激發成員間共同願景和使命的能力。換言之，協力災害治理網絡中領導力的展現，除了是能讓成員更有效的完成任務之外，也需要去理解各組織，甚至是成員間的想法，才能使不同的組織或人員願意一起合作，使得危機發生後的管理工作才能成功的運行（Kapucu, Arslan, Demiroz, 2010: 459-460）。

3　原文為："Groups of three or more legally autonomous organizations that work together to achieve not only their own goals but also a collective goal. Such networks may be self-initiated, by network members themselves, or may be mandated or contracted, as is often the case in the public sector." (Provan and Kenis, 2008: 231)

二、協力治理網絡的形式與結構

　　協力治理網絡的發展過程對網絡結構的形成與穩定具有影響，在發展過程中也能確定維持健康流程所需的策略。然而網絡發展過程往往比較緩慢，因爲需要時間來發展溝通、信任、承諾、理解和結果。在網絡發展初期，學者建議把焦點關注在建立關係，而後期階段則強調穩定性和成就。雖然網絡形成的概念是它們適應不斷變化的環境條件，但實際上它們經歷了一個「融合過程」，持續的相互作用很快產生共同的規則和規範，產生兼具穩定的與變化的結構。例如，課責制可以激勵網絡成員參與並貢獻資源，但過多的課責制也可能會導致成員不再參與網絡。網絡形成通常需要個人關係和承諾；然而，成熟的網絡需要穩定的、遵循規則的結構，而這種結構較少依賴於個人關係。因此，對發展過程的關注將網絡治理的一些矛盾挑戰置於適當的背景下（Imperial, et al., 2016）。上述此種需要時間來發展協力治理網絡關係對於突發性、決策時間短的災害應變網絡具有啓發性。一方面突顯出有效的應變網絡需要奠基在預防網絡形成時的溝通、信任及理解之外；另一方面，也顯示適當的課責機制對協力災害治理網絡發展的健康與穩定性是有幫助的。

　　Kapucu、Arslan與Collins（2010）表示，網絡治理形式強調的是權力的共享，在沒有中心集權的各級政府間進行的。政府若想採取協力的形式，就需要透過組織、監督、能力建立、衝突管理以及個人和團體交流等方式來作爲配套措施，並可根據各機構的需求和問題創建其他關係。一個成功的網絡建立在相互依賴、信任和分享的基礎上，但是在美國大型聯邦組織在成功進行災難性管理網絡前，還需要克服之前所產生的不忠誠、不信任和自私的負面狀態。此外，在機構間的信任是可以透過相互學習和行動來完成的，而如果一個合作夥伴在網絡關係中沒有實現其目標，則另一個合作夥伴也會失敗，這就是兩者可能會想共同努力的動機。謝儲鍵等人（2016）的研究從緊急災害協力網絡中，分析組織動員與資源分配的政策執行參與情形，並且試圖了解非政府組織在救災協力的整體網絡（whole network）及個別組織互動網絡的連結關係。其研究發現在緊急協力災害

網絡中，非政府組織的行動者更重視長期非正式關係的建立，包括價值觀與信任度。他們主要透過兩種途徑進行關係的建立，一是連結在地的非政府組織以達到項目成效；二是「間接」連結地方政府以建立長期的合作默契與依賴關係。

　　網絡治理的形式與結構也逐漸受到重視，Lanzara（1983）調查了在災難和極端事件之後，所出現暫時性組織的結構和決策過程，他將這種新形式的組織結構稱為異構分層（heterarchical）。這類型的組織並沒有清楚且持續性的結構，它會隨著所涉及的活動和運作而有不同的變化。Kapucu、Arslan和Demiroz（2010: 456）認為在這樣的情況下，組織的決策過程以及向合作夥伴發布訊息的工作也會變得更複雜。因此，每個組織應該都要有分權式的結構以便能快速適應緊急狀況的發生。但組織可能在非緊急時期就已經形成了集中式結構。其三人認為在災害緊急情況下多元行動者採用分權的結構，因為指揮和控制系統會不利於共識的建立。此外，社區和地方政府不僅是行動的參與者，更應該參與決策的制定。並沒有完美的結構能有效地解決所有的問題，雖然每個加入網絡結構的組織是可能增加緊急事件處理的資源，但同時也會增加結構的複雜性。

　　Kapucu與Hu（2016）具體地探討協力災害治理網絡結構的多重性（multiplexity），其認為大多數現有的應急管理網絡研究集中在分析網絡中的關鍵角色、組織間的相互作用，以及單一類型應急管理網絡內的網絡結構。相對地，較少的研究用於檢視各種緊急管理網絡內，關於組織與網絡演進之間的多元關係。例如參與每個階段的組織數量可能會發生變化，而組織間互動的類型可能因應急管理的不同階段而異；因此，有必要進一步分析組織間各種類型的互動。Kapucu與Hu（2016）的研究進一步界定了三種類型的應急管理網絡：友誼網絡（friendship networks）、備災網絡（disaster preparedness networks）和災害應變網絡（disaster response networks）。首先，友誼網絡不涉及正式的協力行為：它們是非正式的網絡。管理者需要理解非正式網絡的模式，以利用未開發的資源和專業知識，並確保非正式網絡與組織目標保持一致。非正式網絡傾向於長久建立，這會鼓勵非正式網絡內的共享資源。此外，與友誼網絡不同，備災網

絡和災害應變網絡通常涉及組織在備災和應變期間進行更正式的合作。多重關係可能使組織網絡中的多個參與成員更有可能建立共同目標。這些多元關係通常在準備階段開發及培養，例如不同的行動者藉由參與應急演習和培訓來建立關係；而在實際災害期間，關係也得到加強和發展，在這些災害管理過程中，可以在實踐共同目標時發現新的合作夥伴。具體的協力方式包含如任務指示（mandates）、諒解備忘錄（Memoranda of Understandings, MOUs）或共同準備演習和演習正式制定的協力關係。最後，友誼關係不一定轉變為工作關係，而以前的工作關係則有可能在災難應變階段產生新的和多重的關係（Kapucu and Hu, 2016: 401-402）。

以實際的例子來看，美國在Katrina颶風侵襲後建立了「國家緊急管理網絡」（National emergency management network, NEMN）作為對地方政府需求的回應，並滿足後續管理的需求。NEMN會針對公共和私人組織提供一些培訓和教育的機會，為危機事件的發生做好更足夠的準備。而參與者一旦成為網絡的成員，行動者就能與其他參與者一起共用一個平台，作為與地方政府或其他部門組織的溝通橋樑。NEMN透過技術來為人力和物資提供數據庫，有利於在災難後對於人口數據的統計以及聯繫訊息的傳遞，能夠更有效率的在災後計算出所需要的資源，也能使參與的組織更有效的進行訊息交流及運作（Kapucu, Arslan, and Demiroz, 2010: 461-462）。

總而言之，有效的橫向關係也有助於災害管理機制的改善。當地機構在應對災害方面，能夠透過分組協力的形式，更有效地協調各自的回應行動。因此，協力網絡需要將重點放在更多能力發展上，以利於應對災害處理。然而，現在的環境趨勢告訴我們，協力災害治理需要的是一種動態的能力；其以網絡為中心，可以靈活地調動資源，才能使不同的組織更全面地應對各項災難性事件的發生（Kapucu, Arslan, and Collins, 2010）。

第二節　協力治理網絡互動關係與策略管理

一、協力治理網絡的互動關係與管理

O'Toole與Meier（1999）認為，在公共行政當中與階層結構相比，網絡的型態對當前公共治理更為關鍵，包含以下幾點原因：網絡能創建有助於組織績效的穩定系統結構、減緩組織受到環境的影響，以及能利用環境中所存在的機會。進一步來看，協力網絡是當代公共治理一個特別的型態，而在這一時刻所要求的速度和社會變革，則是網絡型態出現的主要決定因素。正如官僚組織是工業時代的標誌組織形式，新興資訊或知識時代產生了網絡，其特點是極端複雜性和多樣性。此時權力被分散任務變得統一，而不是細分和專業，其要求更大的自由和分疏化。對於大多數在二十世紀的前半部分出現的問題，官僚組織是理想的。面對目前公共治理的棘手問題，網絡能夠做到的部分為：聯合指導行動路線、提供由多樣性的社會利益政策產出的協議（Agranoff and McGuire, 2001）。

透過網絡的關係或結構在政策執行所帶來的正面效益已被注意到，例如公私協力、擴大參與等；另一方面，組織理論的學者也了解到網絡對組織的好處，如互相學習、資訊分享，以增加組織因應不確定性的能力。因此，學者認為正向的網絡關係對組織提供許多非物質性的利益，因此組織有必要有效且策略性的來管理網絡關係，這種網絡關係甚至應該被視為是一種資產來管理（Richards等人著，劉慧清、江郁清譯， 2003：117）。如同McGuire（2011: 436）所指出的，即使在對網絡一詞的使用缺乏共識，然而最近一個更緊迫的問題也引起了學者和實務界的注意，亦即「管理網絡」（managing network）。

儘管O'Toole（1997）很早就呼籲應該對網絡嚴肅以待（treated seriously），且公共管理網絡之研究也逐漸開始蓬勃發展；但實際上直至目前為止，公共管理對網絡管理的方法仍然缺乏共識，特別是涉及公共組織、非營利組織和商業公司的多部門網絡管理尤其如此。另外，迄今為

止，網絡管理研究都沒有強調部門間的差異，因為過去的研究傾向於用概括的方式來描述網絡管理方法。

早期關於網絡治理的研究著重在其內涵、要素、類型等面向，隨著網絡治理的應用與實踐日益受到關注，如何有效的從管理面來形塑相關策略，則是學界近來討論的關鍵議題。如同劉宜君（2006：122）所指：因為網絡各方參與者已經投入相當的時間與資源於網絡中，沒有人願意看到協商過程的失敗；因此，網絡成員有需要對於網絡管理的意涵與策略有所掌握，讓網絡發揮應有的成效。除了網絡管理本身的優勢之外，網絡管理者也必須在協商、調解、風險分析、信任建立、協力等管理項目方面，具備一定程度的能力。但因為在網絡管理的過程中，有太多複雜的成員以及因素，要達到所有人員之間的完全共識是不可能且相當耗時的，故管理者也需要考量複雜治理程序的成本（Herranz Jr., 2006）。

網絡管理具有不同的觀點與途徑，劉宜君（2006：123-124）整理相關文獻認為至少有以下三個不同，包含有：1.工具觀點（instrumental perspective）：認為網絡管理是在目標導向之下解決問題的工具，像是誘因、溝通工具或是盟約等；2.互動觀點（interactive perspective）：認為網絡管理強調網絡中有眾多的參與者，而其主要是協助建立與提供成功互動的情境，讓這些參與者有效率地達成共同目標；3.制度觀點（institutional perspective）：強調制度對於參與者策略與意圖的影響，甚至認為網絡管理已經建立互動的制度。此觀點認為管理集體行動時，要能建立適當的誘因與公平的規則。此外，Herranz Jr.（2006: 7-12）也表示，公共管理領域一致認為網絡與傳統的階層結構有很大的不同，所以必須為網絡管理開發新的替代概念，其認為有關公共網絡管理有四觀點，包括：1.回應促進（reactive facilitation）：將網絡視為大多數鬆散耦合的弱結合多組織集合，並為公共網絡管理者為被動、回應及促進的角色；2.權變協調（contingent coordination）：網絡管理取決於諸如網絡在交換方面的附加價值（亦即能力、策略、資訊）等因素、知識和技術能力發展、擴大外展（expanded outreach），和政策／計畫行動；3.主動協調（active coordination）：網絡可以通過更加參與，以及基於管轄權的管理角色進

行積極管理，管理者可以使用垂直的制度關係以及建立和操縱橫向關係。
4.以階層爲基礎的網絡管理（hierarchical-based network administration）：
此觀點重視結構穩定性／不穩定性，而不是層次結構和網絡的關係，這是
網絡管理中影響績效的關鍵問題，有效的網絡管理與更多基於分層的協調
是具有高度相關。

　　Kapucu、Augustin和Garayev（2009）三人的研究以美國州政府之間
的災害協力治理爲例，其認爲政府間的關係指的是在政府部門各個層面所
進行的協調，且聚焦在組織間決策制定的部分。政府部門間在進行協調
時，還需要根據不同的職位、任務按順序來進行決策的協調，而州與州之
間在災難性事件的協調也是如此。除此之外，政府間的部門也需要透過協
調合作來建立網絡和夥伴關係，才能爲災難性事件的處理帶來最好的效
果、更有效地善用網絡的資源以及創造出更有價值的行爲。「災害管理協
定」（The Emergency Management Assistance Compact, EMAC）是美國州
際間爲了在危機或災難性事件發生時能夠彼此共享資源、人力、設備所訂
立出來的合約。而EMAC最重要的組成元素是積極正向的成員關係，透過
強制性約定使得簽訂EMAC的成員能夠在危機事件發生時願意伸出援手，
讓危機事件後續行動能夠更加順暢。

二、藉由網絡管理策略強化互動關係

　　Sørensen和Torfing（2017）的研究指出治理網絡的形成能促進公共部
門、營利和非營利部門之間的合作，但是學者認爲治理網絡並不能總是爲
公共創新帶來有價值的貢獻，可能是因爲目標過於模糊、文化差異或是利
益衝突使得資源交換被中斷。換言之，有效的網絡管理仍須有一點規範性
的條件，例如在進行網絡管理的同時，需要考慮一下幾項條件，包括網絡
行動者的數目、網絡中的多元性、網絡的封閉性質、利益的衝突、網絡管
理的成本、政治與社會系絡、領導與承諾的權利等可能對於網絡管理成效
有影響的因素（劉宜君，2010：35）。

　　網絡之間的互動可能會製造衝突，例如成本的分配以及利害相關

問題。因此經過一連串複雜的網絡關係的互動之後，欲達成共同同意的結果是不簡單的任務。不同行為者的概念涵括了例如問題的本質、描述的狀況或是最好的組織安排來確保合作能夠順利，並且可以藉以成為主要的阻礙，以達成有意義並且能使行為者滿意的結果（Klijn, Steijn, and Edelenbos, 2010）。換句話說，基本論點通常是：如果沒有適當的網絡管理策略（network management strategy），在網絡中這些複雜的交互過程中實現有意義的結果是非常困難的，甚至是不可能的（Klijn, Ysa, Sierra, Berman, Edelenbos, and Chen, 2015）。

　　據此，學者們分別提出不同角度的網絡管理策略藉以提高網絡互動關係的成效；例如，Klijn、Steijn和Edelenbos等人（2010）曾發展了公部門網絡的管理策略模型，包含了四種主要的策略：1.安排（arranging）：藉由暫時性的組織安排來促進互動；2.連結（connecting）：連結網絡中的行為者；3.探索內容（exploring content）：發展新的內容；4.過程協議（process agreements）：創造暫時性的程序，並且引導行為者的行為。劉宜君（2010：38-41）基於網絡管理的觀點，再從文獻整理出三個不同觀點的網絡管理策略及成功的要件，茲分述如下：

（一）工具觀點的網絡管理策略

　　將網絡管理視為一種政策執行工具及執行政策的手段，在進行網絡管理時，如同執行工具的運用，要進行行動者與資源的盤點。幾個重要的思考議題包含有：1.在進行網絡管理時，先分析網絡行動者；2.要分析網絡的關係，因為兩個行動者間於某種關係的存在而影響彼此之間的互動；3.先找出網絡中心性指數高的人；4.找出中介性高的行動者；5.知道網絡行動者認為的重要利益與目標；6.從工具觀點進行網絡管理，需要留意目標的達成情形（劉宜君，2010：38）。

（二）互動觀點的網絡管理策略

　　互動觀點的網絡管理策略做法包括：1.在已經建立的網絡中，將維持

接觸視為是一種策略，亦即持續讓行動者注意到網絡的需求，同時也持續注意行動者的需求，以及讓行動者彼此保持關係聯繫的合理方法。2.網絡需要相互信任、互惠的、協調合作作為維持互動的基礎。要長時間維繫在一起，需要靠社會資本的建立與累積。3.對於具有潛力的行動者要有更多的投資，且提供合作的利益。4.主動尋找更多的合作機會，而當行動者在建立接觸和連結時，需要主動積極地去發展合作利益。這種對於網絡尤其重要，因為許多時候是藉由行動者網絡之外關係而間接獲得協助。5.善用「弱連結優勢」（the strength of weak ties），弱連結較強連結有更好的擴散影響效果，可以建立更多的情報網、經營知識創新、口碑行銷、建立關係及尋找夥伴的功能。因此，好的網絡管理不僅看其擁有的強連結多寡，亦觀察該網絡所能運用弱連結的連結數（劉宜君，2010：39-40）。

（三）制度觀點的網絡管理策略

此觀點主要是透過網絡建構（network structuring）的途徑，目標著重於共識理念的建立。例如利用規則、認知、價值、資源分配、網絡關係的型態、契約、網絡文化、共同語言調整行動者的理念與認知。制度觀點的網絡管理做法包括：1.在進行網絡管理時，要先區別網絡互動與行動的理念。由於網絡行動者有不同的思考架構與組織文化，據以定義其所認知的網絡範圍，而達成共同的決策，則需要彼此相互調整認知；2.網絡管理除要注意到目前的行動者外，亦要透過網絡建構的概念發掘潛在行動者；換言之，這些潛在的網絡行動者可能在未來與網絡建立起關係；3.在影響社會知覺層面的策略包括如，設定新程序（增加程序協議的努力可能有助於減少因實質性問題衝突而產生的緊張局勢）；引入作為「第三方」的新行為者（例如設立或重組委員會，招聘新人員，聘請顧問等）（劉宜君，2010：40-41；Czischke, 2007: 72）。

Koppenjan與Klijn（2004: 69-70）將網絡視為相互依賴的行為者之間較不穩定的社會關係樣貌，其形成了政治程序或是資源的群組；而網絡之間的互動普遍來說，如同行為者之間的興趣、政策概念等一般複雜，因此

其對應的解決方法亦必須不同。每個行為者選擇他們自己的行為策略，這也可能導致策略的不確定性，進而產生了突如其來以其網絡意料之外的改變以及活動。換言之，網絡除了觀察其組成外，如何維繫與運作便成為管理的策略運用。因為網絡的形成雖有合作問題但缺乏決策的中心，因此網絡管理的目的在於促進行動者之間的合作，避免與防止阻礙合作的情形發生。一般可以從網絡的「過程」與「結果」作為網絡管理的評估標準。前者是指博奕管理（game management）的觀點（Koppenjan and Klijn, 2004: 184-187），目標在於影響行動者之間的互動關係，例如選擇性的誘因、互動程序安排、引進某些新的理念或角色、建立規則與程序、改變資源的分配。後者則是網絡建構（network structuring）的觀點，目標著重於共識理念的建立，亦即以契約、網絡文化、共同語言調整參與者的認知（Agranoff, 1990: 69-71; Kickert, Klijn, and Koppenjan, 1999: 168；劉宜君，2006：127）。

　　最後，學者們也從行為面來建構四種網絡管理策略並受到學界的重視與應用，包含有活化（activation）、架構化（framing）、動員（mobilization）及綜效化（thesizing）。具體內涵如下所述（Agranoff and McGuire, 2001; 2013）：

（一）活化（activating）

　　網絡活化是指行動者或組織想要主導網絡的互動或運作，這些行動者可能是在網絡邊緣位置，因而想運用活化策略改變網絡中的位置，例如提供誘因或誘導資源交換。活化策略亦須辨別網絡中參與者和利益攸關者的過程以及開發上開人員相關的知識、技能與資源，而所有利益應當被包含在網絡中。網絡管理者應盡可能的安排、穩定、培育及整合網絡結構。對於這個任務，網絡結構重新排列和轉移，最常見的作法是引入新的參與者為改變網絡動態，轉換現有參與者的影響力，促進資訊或資源流通為領導的一種手段（Agranoff and McGuire, 2001: 298-299; 2013；劉宜君，2010：47）。

（二）架構化（framing）

當網絡效率低落或不理想時，架構化作為網絡形成的管理工具。架構化包括建立和影響網絡的運行規則，藉以影響網絡成員普遍的價值觀和準則，以及改變網絡參與者的看法。參與者感受互動之間的規則具可塑性，透過架構化產生有意識的改變可迅速啟動非生產性網絡。管理者可以引入新的想法到網絡上，從而創造一個共同的目標或遠見，以形塑網絡環境。在這方面，管理者可能在尋找不同的問題上提供不同的建議，也可能建議替代的決策機制（Agranoff and McGuire, 2001: 299; 2013）。

（三）動員（mobilizing）

網絡管理者需要誘導個別成員承諾於聯合任務（joint under taking），並且需要成員信守此承諾。因此動員需要策略性整體的視角（a view of the strategic whole），以及發展與達成此基於策略性整體之一系列共同目標的能力。管理者透過動員組織、結盟，及建立網絡運營的角色和範圍的協議來建立對於網絡的支持。此外，管理網絡的能力是與管理者所在的組織內部支持及合作相關。與活動有所不同的是，動員更加強調人際關係的要素（human relations component），例如動機（motivating）、激勵（inspiring）及誘導承諾（inducing commitment）等（Agranoff and McGuire, 2001: 299-300; 2013）。

（四）綜效化（synthesizing）

強調一加一大於二的效果，而此種效果可能來自於多元參與者的相互學習或合作。研究網絡管理指出綜效可藉由創造環境，提高有利條件、製造網絡參與者互動的網絡。管理者必須找到融合不同的參與者、矛盾的目標、不同看法價值觀的方式，以實踐網絡之策略目的。網絡管理者需要尋求預防、促成不同行為者間達成合作，於此同時亦需要預防、降低或去除合作上的阻礙。綜效化謀求降低相互作用的成本，此對網絡設置是有實質

效用的（Agranoff and McGuire, 2001: 300-301; 2013）。

　　綜合言之，網絡這個概念通常用來包含所有基於市場的協調，但要有三種依賴於自願參與和相互信任的協調才能取得成功：夥伴關係、網絡和協力。當公共或私人組織同意共同努力達成雙方所決定的目標時，合作關係就會發生，而這些關係的範圍通常是有限的。初期組織之間保持相互獨立，但隨著關係的發展，它們可以變得更加緊密（Kapucu, Augustin, and Garayev, 2009）。災害管理依賴於協力網絡方式來實踐的事實已有一段歷史，然而過去所發生的災害並沒有因為協力網絡的方式而有效的改善，因此災害管理這一領域開始面臨新的挑戰以及改革的需求；其中一個顯著變化是各級政府意識到，目前需要設計一個更有效的危機應急網絡來解決以前運作不良的問題，而就組織內部和各組織間的關係而言，理想的系統將帶來更多的靈活性，並強調協調、合作和溝通（Kapucu and Garayev, 2013）。換言之，此種協力網絡管理策略與成效之間的關聯性需要進一步加以探討。

第三節　協力網絡管理策略與互動成效

　　協力治理網絡的運作不一定都是非常順暢的，近年來的研究指出幾個困境之所在。曾冠球（2010）認為不論是「廠商對政府構成的交易成本」或「政府對廠商構成的交易成本」皆有可能對協力治理結果產生不良影響。林淑馨（2018）的研究也顯示，造成地方政府與非營利組織協力落差的影響因素有三：1.協力動機影響公部門內部的組織文化與結構；2.「委託」的協力型態影響雙方對「對等」和「互信」關係的認知；3.「組織類型」和「業務性質」是影響協力型態與關係的重要因素。申言之，透過協力網絡治理的途徑通常會找到合理的解決方案，但實際上也經常遇到阻礙下一步行動、績效或法律障礙。具體來看，協力網絡在評估內部效率、運作過程、使命浮動（mission drift）等方面將可能面臨挑戰。雖然近年來對網絡管理的研究有增無減，但有必要考慮如何限制網絡和挑戰，以及如何

／何時可以克服這些限制（McGuire and Agranoff, 2011）。

　　儘管如此，要能衡量網絡管理仍舊是相當困難的，因爲網絡管理中的資源分配是不固定的，所以管理行爲的效能也會隨著時間和空間的差異而有所變化，使衡量其成效會有所難度。隨著公共網絡管理研究的數量逐漸增加，迄今仍然較難充分地說明公共管理者需要在什麼情境下，能做出什麼樣合理的行爲（McGuire, 2002）。具體來說，劉宜君（2010：42-43）指出，公共網絡管理可能發生問題包括：1.建立與管理網絡需要花費時間與金錢，必須留意這些成本是否超過原先規劃與預期。2.在網絡過程中才逐漸形成共同目標，或是依賴行動者擁有的資源來決定共同目標，將使得網絡管理變得複雜並且不易評估績效。3.對於網絡運作成效的不同意見將會影響網絡管理的績效評估，例如過程要讓所有的參與者都滿意，還是運作成效是要達到共同的目標？4.從課責的角度來看，網絡管理必須留意維護民主正當性，亦即當行政機關與民間部門達成公共事務運作的網絡協議時，要避免造成逃避監督的印象。

　　此外，網絡影響與評估創新中心（Network Impact and Center for Evaluation Innovation, NICEI, 2014: 4-5）的報告中指出，由於協力網絡固有的複雜性，不像可預測的程序或既定的計畫，網絡的評估還是非常困難的。網絡的獨特特徵及其對評估的相關影響包括：1.網絡擁有眾多參與者，其中許多成員進入和退出網絡，組織或個人連接起來以實現網絡長期的共同目標。因此，了解參與者之間如何連接以及每位參與者正在做什麼很重要；2.網絡動態的「移動目標」通常能夠適應快速的改變互動內容，或者改變網絡之間的成員關係。網絡是一個分散的驅動平台，它的成功在很大程度上取決於它在多大程度上組織其成員之間的聯繫，以產生獨特而靈活的能力。評估一個網絡需要研究網絡中決策和活動，如何在這樣一個分散的模型中發生。它還涉及認識到網絡在各個發展階段的演變；3.有效的組織網絡並且展現結果是需要時間的，這代表投入者和評估者需要評估這個發展過程，並且耐心的期待具有影響；4.網絡具有「影響鏈」（chain of impact），該鏈包括網絡對其成員的影響、成員對當地環境的影響，以及成員對其更廣泛的環境的綜合影響。評估影響程度時必須了解這三者之

間的關係，並明確知道它們的重點所在；5.網絡結構和功能問題：網絡的選擇目標和結構對其發展有重要影響，網絡的目標也可能根據成員的優先順序發展。在設計網絡評估時，這些特徵非常重要，並且可以設定預期什麼時候會有結果。

　　雖然協力網絡運作的評估有不少困難，愈來愈多的研究也開始思考如何克服挑戰並且能讓網絡運作更有成效。例如朱鎮明（2005：121）表示，成功的網絡管理應該是有意識並且能持續的。成員不僅只有資訊分享以及協調個別事件，也應該研擬有效的網絡管理方案、建構足夠的夥伴關係，以及致力於協調資源，甚至藉由授權來完成共享的議程、改善與提升成效。此外，網絡也需要透過成效評估，來知道參與者目標是否達成，以及投入協力過程中彼此相互的感覺與看法。透過網絡參與者及利害關係人的評估，似乎以主觀評鑑為多，但也有學者嘗試兼採客觀與主觀的調查以進行更完整的協力網絡評估。值得注意的是，根據公共行政相關的理論，大多的行政決策過程皆在複雜的行為者網絡中形成。目前有許多的研究嘗試了解網絡管理總體的影響，並分別探索管理策略在網絡結果的效果之相關研究，相關議題也逐漸受到重視（Klijn, Steijn, and Edelenbos, 2010）。

　　此外，Guo與Kapucu（2015）表示，網絡績效評估因為是跨機關，所以十分複雜，目前在評估的研究設計上還是非常有挑戰性的。評估者必須確認在網絡裡關係的本質，才能做出績效的區隔。此外，網絡主要目的和功能包含連結成員與資源，以促進共同行動和學習，因此分析集體互動和新方法的成效是很重要的工作。在一些績效評估的議題上，使用傳統的方式或者比較組織間目標的完成情形都已被提出。雖然傳統的方法適用在網絡內發生的一些活動上，但仍然需要新的方法來關注和爭論網絡的特定屬性。傳統上，網絡關係的多樣性對於理解績效評估方法的變化是很重要的部分；而現在更著重在透過建立信任、互惠以及改變觀點和態度來增強關係。

　　Klijn等人（2015）從認知網絡績效的角度來探討網絡管理策略與網絡績效之間的關係，其研究承認管理對網絡性能的貢獻，但仍舊存在一些侷限性。當參與者努力實現個人的目標和組織共同目標，以及參與者對利益

相關者和合作夥伴負責時，對於商品和服務的設計和交付，網絡評估都是有挑戰的。一些研究發現網絡互動與結果之間存在正向關係。儘管其他網絡可能失敗，但參與者仍會繼續合作，因為這一過程為參與者帶來了內在價值。另一個困難是衡量和評估績效，例如Koppenjan和Klijn（2004）認為，事前設定的目標在網絡中通常是站不住腳的，因為行動者以交互方式調整成員的觀念和目標。因此基於網絡參與者的主觀判斷，網絡結果也需要通過事後滿足標準來考慮。因此，Klijn等人（2015）界定的認知網絡績效，側重於將問題的各個方面充分納入計畫項目的程度，及了解行動者的貢獻還有解決方案的有效性和可持續性。其六人的研究中以台灣、西班牙及荷蘭進行比較研究，該研究發現網絡管理是具有效果的，尤其表明管理策略對於實現更多（認知的）結果至關重要，因為它們可以在網絡中刺激和促進複雜過程。

　　進一步而言，有鑑於網絡管理的主要目的在於促進網絡互動過程的品質，對於網絡管理的評估標準，一般普遍被接受的標準是對於互動結果的評估，以及對於互動過程安排的評估。協力網絡評估具有下列幾項標準：1.對於網絡互動結果的評估，即在事後了解這些抱持不同、模糊與變化目標的多元參與者之間對於網絡互動的觀點，由參與網絡的成員表達對於過程與其結果的滿意度；2.指事後滿意評估標準為是否達到雙贏或多贏的情境（win-win situations），這是一個從總體面向的組合評估標準，亦即綜合了解網絡參與者對於互動過程與結果的滿意度，以此判斷網絡的績效；3.評估網絡的互動過程，尤其是對於進行互動過程的安排，因為從網絡管理的互動觀點，在過程中任何一位參與者利用否決或是反對的權力，就能阻礙互動過程的進行；4.評估網絡管理者的行為品質與績效，亦即公共行動者作為網絡管理與互動促進者，必須做利害關係人的分析、清楚網絡的協議內容、清楚網絡參與者的義務與互動過程成本的預估、對於網絡執行進度的清楚掌握、讓參與者對於管理過程有清楚的認知、相關行動者對於內容有清楚的知識（劉宜君，2010：53-54）。

　　協力災害治理的網絡運作成效與評估相關議題逐漸受到重視之際，研究者從不同的角度試圖來了解協力網絡之評估議題。例如Kapucu（2009）

從跨組織的網絡和複雜的適應系統的角度去評估聯邦應變計畫（Federal Response Plan, FRP）、國家應變計畫（National Response Plan, NRP）以及國家應變架構（National Response Framework, NRF）。接著，Abbasi和Kapucu（2012）使用Charley颶風的資料，分析了組織間復原網絡的演變，以及組織在一段時間內的網絡結構變化。

　　Jung（2017）的研究指出，建立和維持組織間合作的目的是克服組織的內部限制並加強組織能力。為了研究組織間協力對網絡組織有效管理災害能力的結構性影響，其使用機關間集體行動的架構作為研究設計，據以分析組織間協力網絡中的集體行動問題。其研究發現具有策略的地方組織，可以透過聯合應變和恢復計畫等全面的應急準備，來確保關鍵資源和資訊，進而提高協力結果的有效性及從災難性事件中恢復的能力。換言之，好的網絡管理並不是要讓每位參與者都達成相同的目標，甚至原本參與者的目標就不相同。至少在形式上顯示參與網絡的成員比起未參與網絡的成員有較為滿意的評價與收穫；或是讓參與者評估參與網絡的集體行動結果比獨立行動的結果要更好（劉宜君，2010：55）。

　　綜合來說，Klijn、Steijn與Edelenbos（2010: 1065-1067）等三人認為治理文獻中有很多關於如何衡量網絡中複雜決策過程結果的討論，這些研究許多的結論是，衡量這些結果是一項艱鉅的任務，而其中一個原因是參與者有不同的目標，因此難以選擇一個目標來衡量這些過程的結果。另外，衡量成果也存在問題，因為治理網絡中的決策過程很漫長，行動者的目標可能會隨著時間的推移而改變。他們的研究提供具體而實用的兩個途徑，分別是「內容成果」（content outcomes）以及「過程成果」（process outcomes）。內容成果的特點從治理網絡和網絡管理的文獻中整理出的許多方面，這些相關文獻提到許多方面和要素，以具體呈現網絡實質的產出，包括：1.結果的創新性：項目表現出創新成果的途徑；2.解決方案的綜合方面，即計畫具有不同環境功能的面向；3.作出有區別的貢獻（recognizable contribution），指的是利害關係人參與決策過程的影響；4.解決問題的能力，亦即方案真正解決問題的程度；5.結果的穩健性，即從長時間來看結果的未來穩健性（時間範圍）；6.治理網絡結果的成本和

效益之間的關係，該要素確保計畫的成本不會超出項目的收益。過程成果則包含：1.治理網絡的管理，指的是參與者參與項目的方式的滿意程度；2.解決衝突，即避免和／或解決衝突的方式；3.該過程遇到停滯或僵局的程度；4.有效利用觀點的差異，此種方式是架構和觀點的差異已經調和；5.接觸頻率，即行動者之間互動的頻率。

第五章

個案分析：
2014年高雄氣爆事件

第一節　高雄氣爆個案背景

一、案例緣起與背景

　　2014年7月31日20時46分，高雄市政府119專線接獲民眾報案，表示凱旋、二聖路口水溝冒白煙、疑似瓦斯外洩。高雄市政府消防局隨即通知警察局與環保局，而根據以往經驗判斷，那一帶的地下管線多為中油與瓦斯管線，由於冒白煙、其氣味又像瓦斯味，外洩氣體很有可能是天然氣，因此也通知欣高等相關民營天然氣供應公司到場進行確認。之後現場指揮站陸續通知高雄市政府警察局、環境保護局、欣高瓦斯公司、南鎮瓦斯公司、經發局、捷運局、自來水公司、工務局、行政院環保署南區環境事故專業技術小組（毒災應變隊）、鐵路警察局高雄分局、台電公司、中油公司、中石化公司、水利局等相關單位到場，清查疑似瓦斯氣體的外洩來源，同時進行相關安全的警戒與交通管制。當日高雄市政府消防局約於20時50分趕到現場，轄內瓦斯公司則於20時50分及21時3分回報，明確表示當地現場並無天然瓦斯管線（陳淑文主編，2016：16、18）。21時30分，高雄市政府環境保護局稽查人員會同消防局人員抵達二聖、凱旋路口進行採樣，並於21時46分請求行政院環境保護署南區毒災應變中心支援。高雄市政府工務局及消防局則於21時50分通知管線圖上記載的台灣中油公司、中國石油化學工業公司、台灣電力公司、台灣鐵路管理局等管線所有人到場，然而第一時間並無通知後來經查為肇事事主之一的李長榮化學工業股份有限公司（監察院，2015：28-29，瀏覽於2019/5/15）。

　　另一方面，從當日晚上20時55分到氣爆前，1999接獲約340多通電話，這些電話內容除了通報哪裡有疑似瓦斯外洩情形，還包括瓦斯味很濃、想了解情形如何與心理的恐慌，甚至詢問是否要離開家裡等。但由於當時外洩氣體與來源不明，1999根據現場指揮官的指示，儘量安撫並勸導民眾在狀況不明的情形下不要外出（陳淑文主編，2016：22）。7月31日晚間11點56分左右，高雄市前鎮區凱旋三路與二聖路口屬李長榮化工大

社廠所有之地下石化管線內丙烯氣體外洩之後，發生連環重大規模氣爆災害，釀成32人死亡、321人輕重傷、1,249戶受損建築物申請安全鑑定、汽、機車1,000餘輛毀損及道路受損總長度約4公里，面積達7.2平方公里之重大公安事件（監察院，2015：1，瀏覽於2019/5/15）。罹難者中，包含5名警消、2名義消，並造成22名警義消輕重傷（袁庭堯，2019/8/1，瀏覽於2019/8/2）。主要受爆炸影響的區域有：三多一路、武慶三路、三多二路（福德三路至凱旋路口）、凱旋三路（含台鐵前鎮車場）、一心一路（凱旋路至光華路口）、光華三路與中山三路口、英祥街、英明路、二聖路、新富路、瑞興街、瑞隆路、瑞和街、崗山西街、和平二路等（王長鼎，2014/8/1，瀏覽於2019/5/15；陳淑文主編，2016：30-35）。

二、災害應變過程

氣爆發生之後，高雄市政府立即於8月1日0時40分成立災害應變中心，由陳菊市長擔任指揮官，並於五權國小開設前進指揮所，由消防局陳虹龍局長指揮，另開設8處災民收容場所，安置1,152人。此外，消防局同步以簡訊發布通報高雄市政府各相關局處及管線事業單位立即進駐災害應變中心，由災害防救辦公室、消防局、水利局、工務局、警察局、民政局、社會局、衛生局、環境保護局、經濟發展局、捷運工程局、交通局、新聞局、勞工局、研究發展考核委員會、欣高石油氣股份有限公司、南鎮天然氣股份有限公司、欣雄天然氣股份有限公司、台灣電力股份有限公司、台灣自來水股份有限公司、中華民國紅十字會新高雄分會等機關（構）首長進駐。8月2日第6次災害應變中心工作會時，陳菊市長指示，依災民安置、災區救災及復建、致災原因調查三方面組成專案小組，因應高雄市災害應變中心解除後各局處任務分工，持續進行後續相關處置（內政部消防署，2014/8/01，瀏覽於2015/8/25；高雄市政府消防局石化氣爆專區，2014，瀏覽於2015/8/25）。高雄市政府石化氣爆災害應變中心組織圖如圖5-1所示。

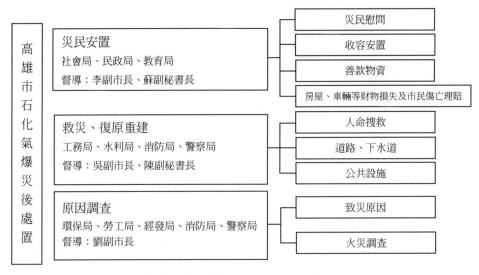

資料來源：陳淑文主編，2016：54。

圖5-1　高雄市石化氣爆災害應變中心組織圖

　　就警察機關所動員的人力來看，高雄市政府警察局除了加強巡邏、嚇阻宵小入侵之外，也進行災區將通管制與民眾疏散與治安維護計畫，同時也協助高雄地檢署的調查工作及支援災區復原工程區的交通維持。其中復原工程區的交通維持部分，警察局配合至8月20日20時才撤除。事實上氣爆後的警務人力需求很大，包括中央與外縣市都有警力支援高雄市所需。統計至8月26日止，光高雄市政府警察局維護治安及交通崗已出動16,628次人力，刑事鑑識中心也有177人次，支援警力合計為4,638人次，民力協勤數合計3,139，總計勸離災民數為918人（陳淑文主編，2016：59-61）。

　　中央災害應變中心於2014年8月1日1時開設，內政部部長陳威仁即刻進駐，經濟部部長張家祝於1時45分進駐，主導中央災害應變中心運作，行政院院長江宜樺也於2時15分進駐中央災害應變中心。中央成立災變中心後，調度內政部消防署高雄港務消防隊15人、6車，特種搜救隊12人、4車，國軍1,439人、125車、環保署毒災應變隊11人。另協調台南市政府消防局消防人員45人、消防車22輛、屏東縣政府消防局消防人員9人、消

防車4輛，共計1,649人、324車支援搶救；法務部責成高雄地檢署指派轄內100餘位檢察官進行相驗工作，並視情況持續增派；經濟部在上午7時30分在高雄市鳳山工業區服務中心成立前進協調所，由加工出口區管理處統籌協調中央相關資源並將處置情形隨時彙報經濟部，也請相關部會派員進駐協助處理（內政部消防署，2014/8/1，瀏覽於2015/8/25；陳淑文主編，2016：50）。

在緊急醫療救護方面也體現了協力災害治理的精神，8月1日凌晨0時3分，高雄市政府消防局119通知衛生局EMOC（Emergency Medical Operation Center）—高雄市緊急醫療資訊整合中心，由衛生局啟動大量傷病患之緊急醫療救護。氣爆一發生除了在二聖醫院設立緊急醫療中心，高雄市16家大中型醫院也隨即總動員。除原高雄市外，岡山、鳳山區醫院也加入救護行列，輕重傷患陸續送到各醫院，衛生局藉由高雄市緊急醫療資訊整合中心，能夠管控各醫院急診人數作適當分配，紓解病人。距離爆炸現場最近的國軍總醫院，增闢傷檢分站，疏導可能大量湧入的傷患，並加派醫護診療清創傷患及降低驚恐。至8月下旬共有22家醫院收治高雄氣爆之傷病患（呂素麗、李義，2014，瀏覽於2019/5/16；陳淑文主編，2016：69-70）。

國軍在此次救災也扮演重要的角色，國防部災害應變中心配合中央災害應變中心於8月1日凌晨1時完成一級開設，第四作戰區災害應變中心亦同步開設，開始動員國軍派兵支援救災，並調派陸軍第八軍團指揮部與海軍陸戰隊指揮部所屬部隊官兵投入救災行列。救援部隊納編陸戰隊、43砲指部、步訓部、39化兵群、4支部等單位1,400餘員兵力，救災部隊於2時38分抵達現場，由陸戰指揮部指揮官潘進隆中將擔任前進指揮所指揮官；國軍並出動偵檢車、救護車、悍馬車、照明車、多功能工兵車及生命探測儀等救災裝備，同時完成民眾收容整備，以及提供海軍新濱、陸軍金湯、和平等營區讓災區民眾使用（中央通訊社，2014，瀏覽於2019/5/16；朱明，2014/8/1，瀏覽於2019/5/16）。

三、本個案協力救災之情況

　　本個案協力災害治理重要利害關係人，不僅在高雄市政府水平橫向的跨機關或跨單位之相關組織，也包含了中央與地方政府垂直之協力關係，而跨公、私部門的協力災害治理，像企業部門（含公營事業）以及民間社會團體也有關鍵的角色與功能。例如氣爆過後，高雄地區各工業區呈現停水狀況，自來水公司設置臨時加水站及水車供民眾取水，另台水公司會同高雄市政府辦理現場會勘後進場架設臨時管線以儘速完成供水。另外由於本次氣爆而停電之戶數計有29,789戶，台電公司劃分責任區並動員多組人力，在8月1日清晨6點修復17,533戶，至8月2日下午修復24,029戶，而至8月6日完成全區復電（中央災害應變中心，2014，瀏覽於2019/5/16；陳淑文主編，2016：74-75）。

　　在社會團體參與協助的部分，氣爆之後第一時間各縣市的特搜隊、義消、防災或救災協會等人員積極投入救災。此外，市府在氣爆後8月1日開設的10處緊急收容處所，當日最高收容人數達1,212人。後來歷經市府15小時的救災滅火，在災情得以控制後，原本在收容處所避難的民眾，陸續返回家裡，進行受災情形了解與家園整裡，各收容所陸續結束。後因災區生活回復期程仍待評估，市政府於8月3日啟動短期安置階段，於中正高工、普賢寺及勞工教育生活中心（獅甲會館）等3處設置災民收容中心。另社會局協調世界展望會、勵馨基金會、兒福聯盟、伊甸基金會及家扶等民間社福團體協助短期安置收容之社工服務，給予因為心理因素或家裡受損暫時無法回去之災民心靈支持。再者，高雄市觀光旅館業者為了協助災民緊急避難與短期生活所需，總計有71家旅宿業者、飯店提供災民房間作為短期安置。最後，高雄市土木技師公會、高雄市建築師公會，以及台灣省土木技師公會也協助高雄市政府進行房屋災損鑑定，鑑定內容包含建築本體、家具及家電等三項，除協助說明房屋結構安全以緩和市民的憂心之外，其鑑定結果也能作為後續求償依據（陳淑文主編，2016：111、114、129-130）。

　　值得注意的是本個案在高雄市政府內部水平協力過程，以及中央與高

雄市政府的垂直協力過程偶有運作不順暢，例如2014年8月7日，高雄市長陳菊為市政府未掌握管線資料及內部橫向聯繫不足公開道歉（ETtoday新聞雲，2014/8/7，瀏覽於2019/5/17）；而中央與高雄市政府互推管線的責任亦受到媒體的矚目（何孟奎，2014/8/4，瀏覽於2019/5/17）。

四、災害復原與重建

　　高雄發生氣爆災難的消息傳出後，從四面八方來的志工團、救難物資、愛心善款蜂擁而至，短短幾天物資就已經過剩，愛心捐款也是很快就累積超過高雄市政府設定目標。為了管理民眾捐入的善款與監督善款的運用，高雄市政府在2014年8月12日頒布「高雄市政府八一石化氣爆事件民間捐款專戶設置管理及運用作業要點」並成立捐款專戶管理會，捐款運用計畫除了指定用途捐款之外，依生活扶助與照顧、災區救助與振興、防災與城市安全三面向規劃運用（陳淑文主編，2016：161）。

　　民間及企業參與災害復原及重建也是不遺餘力，例如台積電決定結合協力廠商的力量，立即由公司志工及具備專業技術的員工會同協力廠商親力親為，直接投入災區。最初的計畫有：為居民修繕民宅、門窗，讓居民儘快回到安心的家；在所有毀損路段的二側搭建安全圍籬，防止人員跌落意外；在炸開的路面深溝上鋪設細網，預防病媒蚊蟲及登革熱的發生，以維持環境衛生品質；在受創地區的十字路口建造穩固的便橋，讓人車通行安全無礙，希望能協助災區居民儘速恢復「接近正常」的生活；此外也邀請災區的學童北上參加夏令營，帶領他們暫時遠離殘破的家園（莊子壽，2015）。根據台積電的年報指出，台積電公司重建團隊自8月5日進駐氣爆發生地至離開，前後歷時64天。在與協力廠商快速且無間的合作之下，已為當地完成道路鋼板樁施作570公尺、臨時道路鋪設4,383公尺、民宅修繕695件（365戶）、搭建圍籬4,732公尺、搭建臨時便橋5座，讓居民得以安全往來氣爆區域，並儘快回到修復好的住家與店面，恢復正常生活（台積電，2015：116，瀏覽於2019/5/17）。

　　整體而言，高雄市政府為儘速重建恢復市容，水利局及工務局自8月

4日起，相關工作團隊每日召開工地會報，以確實掌握進度、即時解決施工遭遇困境，並且設定2項重建工程計畫重要的時程，包含2014年11月20日開放車輛通行，及2014年12月20日街道景觀完成改善。此外，在既有的硬體工程修復之外，最重要的是社區活化。市政府從都市更新、建築「挽面」與招牌更新、太陽能屋頂設置等協助災區不僅僅是復原，更展現新風貌。對於因氣爆而受到影響的觀光產業與商圈經濟，在市政府、民間團體與中央的挹注、合作下，讓衰退的市場也漸漸活絡起來了。最後，就建立規範部分，為建立安全城市，賦予既有工業管線存在的法源，健全管線管理與災防機制，並基於使用者付費前提下，市政府陸續制（訂）定了「高雄市既有工業管線管理自治條例」、「高雄市既有工業管線管理維護辦法」與「高雄市既有工業管線監理檢查費收費辦法」（陳淑文主編，2016：215、235）。

第二節　研究架構

　　Aldunce與León（2007）認為「災害管理」制度的研究，需檢驗基礎學理與實證經驗（empirical）資料，藉由科學文獻回顧、個案研究與半結構式訪談，調查蒐集取得過去受災民眾、曾參與教育訓練學員等各界意見，根據回饋結果，提出災害管理型態轉變與發展趨勢，著力扎根基層、深耕弱勢，提升地方防救災應變能力，包含社區參與和共同分擔社會責任，並加強政府與民眾協調合作。就協力災害治理而言，支持協力治理的學者認為其可以成為有效的解決方案，而反對協力管理的學者認為缺乏明確的指標顯示協力治理可以改善環境條件（Kenney, 2001; Koontz and Thoma, 2006）。當前已有許多研究測量、比較協力治理的產出，但研究較少能有經驗性資料的連結協力過程和最後的產出。造成這樣的差距主要的原因有三個：首先，要知道環境是否改善，需要很長的時間進行資料蒐集。第二，監控環境來蒐集資料成本龐大。第三，難以藉由經驗來控制影響環境的因素，這限制了分析者的能力（Biddle and Koontz, 2014）。誠如

陳敦源與張世杰（2010）所言：「學界或實務界對公私協力夥伴關係抱持過於天真的期待，將會忽視弔詭現象對公私協力夥伴關係所造成的運作困境，以及所產生公共資源的浪費」。若缺乏對協力運作成效的檢視，則學者們的警語恐將成真。是以，本研究的主要分析架構如圖5-2所示：

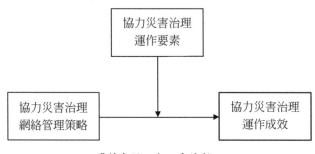

資料來源：本研究繪製。

圖5-2　協力災害治理之分析架構

　　圖5-2呈現了協力災害治理中的三個主要概念：網絡管理策略、運作要素，以及運作成效。網絡管理策略包含活化、架構化、動員及綜效化，運作要素則有信任、資訊分享與課責。本研究的運作成效包含兩個部分，其一為協力共同目標與價值的實踐，亦即「災害韌性系統建構」。此外，從第四章文獻討論來看，本研究目前則以協力的內容產出這個面向為主。綜合言之，透過上述主要的研究構面，本研究將據以分析2014年高雄氣爆個案，以及下一章2016年0206台南地震之個案。

第三節　個案資料蒐集方法

一、質性資料蒐集

　　不同於量化研究著重在解釋或預測社會現象，本研究在了解災害韌性系統建構的問題上，採取質性的深度訪談以重視對社會議題的探索與描

述。就前述災害韌性系統建構以及網絡管理的途徑檢視災害協力治理，既然是探索式之研究，本研究首先將運用深度訪談法來蒐集質性資料，並透過詮釋的方式來界定相關的重要概念。基於前述的研究問題與目的，本研究透過非結構式與半結構式的方式進行相關資料的蒐集，訪談問題焦點在於界定災害協力治理不同行動者在網絡中的災害韌性具有哪些面向，又各面向的韌性系統具有哪些要素。據此，本研究執行期間進行多場的專家學者座談會以及深度訪談之質性資料蒐集，其主要的效用在於能夠讓參與者與他人互動，並透過腦力激盪之後得出意見與態度。其次，可以提供研究者與參與者直接接觸的機會，並且研究者可以獲得參與者以自己的語言建構有意義的答案（Neuman, 1994: 245-246）。本個案藉由專家學者座談會與深度訪談所蒐集質性資料的主要對象詳如表5-1所示，在會議與訪談過程中均獲得出席人員與受訪者同意進行錄音紀錄。

表5-1　高雄氣爆個案質性資料受訪者一覽表

代號	服務機關	受訪者／出席人員	時間／地點	形式
A-1	中央警察大學	○○○教授	2015/10/29 中央警察大學	專家學者座談會
A-2	中央警察大學	○○○副教授	2015/10/29 中央警察大學	專家學者座談會
A-3	中國文化大學	○○○副教授	2015/10/29 中央警察大學	專家學者座談會
A-4	中華大學	○○○助理教授	2015/10/29 中央警察大學	專家學者座談會
A-5	行政院○○○○辦公室	○○○副主任	2016/5/3 中央警察大學	專家學者座談會
A-6	國立台北大學	○○○教授	2016/5/3 中央警察大學	專家學者座談會
A-7	中央警察大學	○○○助理教授	2016/5/3 中央警察大學	專家學者座談會
A-8	國立台灣大學	○○○博士	2016/5/3 中央警察大學	專家學者座談會

表5-1 高雄氣爆個案質性資料受訪者一覽表（續）

代號	服務機關	受訪者／出席人員	時間／地點	形式
B-1	高雄市議會	○○○議員	2015/2/2 高雄市	深度訪談
B-2	國立成功大學	○○○教授	2016/3/4 台南市	深度訪談
B-3	國立中興大學	○○○教授	2017/5/24 台中市	深度訪談
B-4	高雄市議會	○○○議員	2018/4/21 高雄市	深度訪談
B-5	高雄市○○協會	○○○理事長	2019/4/25 高雄市	深度訪談
B-6	中華民國紅十字會○○○市分會	○○○總幹事	2019/4/26 高雄市	深度訪談
B-7	中華民國○○○○協會	○○○理事長	2019/5/9 高雄市	深度訪談
B-8	中華民國紅十字會高雄市分會○○○○大隊	○○○大隊長	2019/5/9 高雄市	深度訪談
B-9	高雄市前鎮區○○里	○○○里長	2019/7/15 高雄市	深度訪談
B-10	高雄市前鎮區○○里	○○○里長	2019/7/15 高雄市	深度訪談

資料來源：本研究彙整。

　　本研究初期於2015年即開始進行相關議題的討論，並於2015年10月及2016年5月間邀集學者專家進行座談，分別就韌性系統及協力災害治理的議題進行討論，與會者也從國內外不同的災害案例提供寶貴想法。在深度訪談的部分，本案例的受訪者包含了災害管理及協力治理的學者、高雄市議員（包含民進黨籍及國民黨籍）、民間救難團體，以及災區的里長。儘管高雄氣爆發生在2014年，然而2018年至2019年由於縣市長選舉，以及選後高雄市政府政黨輪替，高雄氣爆的諸多議題再次受到關注，本研究也

密集拜訪上述受訪者。[1]儘管事隔多年，許多受訪者對於氣爆當時的過程仍然歷歷在目，甚至有受訪者因家屬罹難以及協助救災過程千頭萬緒，訪談過程回憶當時的情境而悲從中來，數度掉淚與哽咽。亦有受訪者原先以為此研究訪談係媒體想要探詢災害應變與復原的相關議題，之後可能因選舉又快到了擔心被大肆報導因而婉拒；後經研究團隊耐心及詳細的說明解釋，受訪者了解到此為學術研究，且期望對未來協力災害治理的精進能夠提出相關建議，因此後來不但答應接受訪談，並在過程中知無不言，提供非常多寶貴經驗與意見的分享。

二、主要變數測量與量化資料蒐集

（一）問卷設計與主要變數測量

如上圖5-2所示，本研究關注的焦點在於協力災害治理的運作成效，並試圖了解協力災害治理網絡管理策略對此運作成效會造成什麼影響，以及協力治理要素會具有什麼調節效果。據此，本研究的依變項（dependent variable）設定為「協力災害治理運作成效」，量化資料此依變項的構面與測量問題係基於Klinj、Steijn和Edelenbos（2010），以及Steijn、Klijn與Edelenbos（2011）三人研究團隊在英國知名期刊《公共行政》（Public Administration, PA）所發表的研究量表，而本研究所使用之主要構面是協力合作的內容產出（content outcomes）。調查問卷中的Q37-Q41詢問有關內容產出，測量尺度以李克特5等量表的格式來測量，其中1代表非常不同意，而5則代表非常同意。

至於自變項的部分為協力災害治理網絡管理策略，基於Chris（2009）在SSCI等級的一級期刊《公共績效與管理評論》（*Public*

1　於此同時，作者執行科技部補助專題計畫的另一範圍為台灣、日本及中國大陸的比較研究，2017年至2018年的研究焦點多在大陸四川2008年汶川地震及2013年蘆山地震個案，以及日本2016年熊本地震個案之移地研究，部分研究成果在近年也陸續發表在國內外的學術期刊上。

Performance & Management Review, PPMR）所發表的論文為量表設計的基礎。在本問卷調查四個主要次構面分別是活化（問卷題項之Q2-Q5）、架構化（問卷題項之Q6-Q14）、動員（問卷題項之Q15-Q22），以及綜效化（問卷題項之Q23-Q31）。關於協力災害治理的三個主要要素，分別是信任、資訊分享及課責，相關測量之問卷題目係皆是從公共行政領域一級學術期刊發表之論文量表而來，分別是Willem和Buelens（2007）於《公共行政研究與理論期刊》（*Journal of Public Administration Research and Theory, JPART*）之論文（問卷題項之Q57-Q60）、Kim和Lee（2006）在《公共行政評論》（*Public Administration Review, PAR*）之文章（問卷題項之Q61-Q63），以及Skelcher、Mathur和Smith（2005）在《公共行政》（*Public Administration, PA*）之研究（問卷題項之Q64-Q67）。

　　鑑於問卷量表本土化系絡的重要性，本研究於2017年8月起根據上述相關文獻之量表開始設計問卷初稿，並於同年8月9日邀請中央層級的行政院災害防救辦公室、行政院消防署高階文官以及兩位學者，共同檢視問卷內容，藉以提升問卷專家效度與確保問卷用語符合本土系絡。2017年9月29日舉辦第二次問卷設計專家學者座談會，確認了問卷的初稿。11月起，本研究開始聯繫個案發生之高雄市政府，經由拜訪、溝通與協調，本研究獲得高雄市政府人事處的重要支持。12月時，本研究在問卷發放之前再由2位學者，以及幾位高雄市政府中階科長協助檢視問卷文字，12月下旬根據意見酌修語意模糊不清之題目之後正式將問卷定稿。儘管本問卷的相關構面與測量問題基於國外相關研究的量表來設計，且經過專家學者檢視及修正過問卷表達之文字，然不同協力災害治理網絡之個案背景皆有其特殊性，因此問卷構面在因素分析時部分測量問題之共同性萃取（communalities extraction）數值未達理想標準，在本研究後續分析時即刪除該題項，不予列入後續相關之分析。高雄氣爆個案之量化資料因素分析結果詳見第五節。

　　最後，本研究分析單位（unit of analysis）為組織，根據過去訪談內容，得知市政府二級機關／單位及派出機關（區公所）已有自主空間發展策略，並能夠與災害網絡管理過程中的其他利害相關人互動。因此本研究

問卷發放對象包含了一級機關中的單位主管（如各科科長）、二級機關之首長及副首長，以及各區公所所長。在2017年12月筆者與高雄市政府人事處公務同仁洽詢時，確認了問卷發放對象之名單，並委請人事處公務同仁協助發放與回收。由於並非所有機關單位都有參與高雄氣爆之應變或復原過程，本問卷的第一題題組中即詢問該單位參與經驗，回答沒有或不清楚者即停止作答，藉以透過題組的篩選以確保填答之機關單位均係在本協力災害治理之網絡中。本次問卷調查總計共發放數量470份，回收346份，扣除掉無效問卷51份，以及3份空白問卷，總計回收問卷爲292份。此外，根據問卷第1c題的篩選題，本題填答沒有參與，或不清楚高雄氣爆個案的應變或復原過程者，總計可進行後續分析之有效問卷爲191份，因此本個案有效問卷回收率約40.64%，表5-2呈現回覆樣本特徵。

表5-2　高雄氣爆協力災害治理個案問卷回覆樣本特徵（N = 191）

項目	特徵	次數	有效比率
性別	男	121	63.40%
	女	70	36.60%
教育程度	專科、技術學院（含以下）	11	5.80%
	大學	64	33.50%
	研究所以上	116	60.70%
職務性質	機關／單位主管	113	59.79%
	機關／單位副主管	26	13.76%
	非主管人員	50	26.45%
公務機關服務年資	0至5年	4	2.13%
	6至10年	12	6.38%
	11至15年	28	14.9%
	16至25年	78	41.48%
	26年以上	66	35.11%

表5-2 高雄氣爆協力災害治理個案問卷回覆樣本特徵（N = 191）（續）

項目	特徵	次數	有效比率
現職單位服務年資	3年以下	29	15.34%
	3至5年	26	13.76%
	6至10年	55	29.10%
	11至15年	29	15.34%
	16至25年	38	20.11%
	26年以上	12	6.35%

資料來源：本研究彙整。

　　從表5-2來看，回覆樣本的男性之比例略高，達近6成4。教育程度為研究所以上的則有超過6成，而擔任機關或單位主管的也將近6成。就服務公職的總年資來看，16至25年的占將近4成2，其次為26年以上的有超過3成5，顯見回覆樣本者多數為資深的公務員。最後在現職服務年資的部分，則以6至10年的將近3成居多，其次則為16至25年的略高於2成。

　　最後，由於本個案協力災害治理應變與復原發生於2014年8月，為避免問卷回覆者在本個案的回憶偏差（recall bias）過大，本研究根據個案背景設計了5題是非題，答對者該題得1分，答錯者該題0分，5題總分未達3分者則排除該份問卷，因此後續進一步用以分析個體的問卷共計184份。由於本研究分析單位為組織，部分機關或單位同時有2份以上的回覆（如正、副首長或主管均回覆），則取平均值作為該機關該題項之分數。以機關單位來看，則共有139個成功樣本。

第四節　高雄氣爆與社區災害韌性系統建構

一、韌性系統的多元面向與國外經驗

　　近幾年文獻上關於災害韌性的討論，與聯合國2015年於日本仙台召開

的全球減災高峰會（WCDRR）之「2015-2030年仙台減災架構」（Sendai Framework for Disaster Risk Reduction 2015-2030）方向是一致的。此架構具有四個優先推動之目標，包括明瞭災害風險、利用強化災害風險治理來管理災害風險、投資減災工作以改進災害韌性，以及增強防災整備以強化應變工作，並在重建過程中達成更具韌性的重建（build back better）。關於強化韌性應有的工作上，聯合國的架構中明確的點出，除了硬體及結構性的韌性之外，尚可包含強化包容性政策和社會安全網絡機制的設計與實施，如社會參與、結合生計改善方案，這些對象涵蓋婦女、新生兒和兒童等（UNISDR, 2015，瀏覽於2019/5/30）。從本研究專家學者座談會中，學者們也就韌性的多元面以及相關的國外經驗提出分享：

> 我們看日本人的恢復力跟韌性，基本上是佩服。基本上就三塊，一個是工程，一個是環境，一個是個人心理層面。硬體工程是一道一道，以預防海嘯工程來看，包括第一道海堤；第二道海岸公路；第三道是所謂的公共活動場所，包含公園、大賣場、商場；第四道是海嘯能量應該到達不了的部分，它是做居住來使用。環境部分則是整個組織的恢復、環境系統的恢復。接下來社會能量的部分就由群體、個人來建構，我發現日本人其實也相當有韌性，他們對災害的學習力是從小教育起，所以他們小孩在教育當中就知道海嘯、地震這些大型災害發生的時候，他第一個保護自己的作為是什麼，所以教育其實是一個很重要的部分，我覺得台灣在這部分做的比較少。（專家學者座談會A-2）

> 歐洲委員會下面一個科學服務的部門，裡面除了資料庫以外，還有實驗室。實驗室就是一些防災技術的實驗，資料庫就是一些知識的分享，還有標竿學習的目標。台灣對災害防治的觀念，硬體的部分還好，但軟體部分和災害防治的觀念我覺得有些問題。〔歐盟〕強調溝通協力的東西，溝通包含社區利害關係人之間，因為溝通之後可以信任，才可以協力，現在溝通協力方面它們都

有一些方案，2012年他們有談一個預防的方案從食安的角度開始
談溝通協調。（專家學者座談會A-3）

食安的例子來看，歐盟就一個組織或一個單位處理所有問題，這
個叫做from farm to table。（專家學者座談會A-2）

我們是制度導向，他們是問題解決導向，是比較彈性的組織結
構，所以我們要學它們當然沒辦法這麼容易。（專家學者座談會
A-3）

即使是校園防災也好，我們台灣的文化比較少，但是我去紐西蘭
他們家長都會參與學校防災，我相信這可能是不一樣的文化。我
們推防災社區有個特色，都是阿公阿嬤來，要慢慢提升到連一般
青壯或年輕人願意參與活動，我覺得還需要一些時間。（專家學
者座談會A-5）

我們常常會建議學校不要一開始就跟大家說我們要做防災，我們
一開始應該要培養的是像日本先把「團結性」用其他活動培養起
來，你要做防災就快。（專家學者座談會A-7）

綜合來看，上述的論點顯現近年來台灣在韌性社區建構的思維已逐
漸由硬體轉向軟、硬體兼重視的方向。然而社會韌性建構、民眾的參與都
還需要時間以及不同方案規劃來落實，國外的一些經驗皆可當成重要的參
考。此外，利害關係人（stakeholders）例如孩童和青少年、年長者、學術
界、企業、私人協會等強化災害韌性上可扮演的角色，也值得加以探討與
做進一步的規劃及培養。

二、本個案之協力災害韌性系統運作要素及建構

如何透過協力治理來建構災害韌性系統已逐漸受到重視，美國國家

研究委員會（National Research Council, NRC）即曾舉辦一系列的工作坊討論此議題，並提出「公私協力以強化社區災害韌性」（Private-Public Sector Collaboration to Enhance Community Disaster Resilience）之報告。報告中在回答韌性系統建構為何需要協力（why collaborate）時指出，就企業而言，對社區持續的投資以保護其顧客和員工是最好的利益。確保關鍵服務及公共安全與健康可讓企業儘可能的維持運作，而這樣的環境亦可讓公民回到社區，成為企業的主要顧客（NRC, 2010: 9）。第三章的文獻上指出協力災害韌性系統須具有幾個要素，包含社區產業與經濟發展、信任與社會資本、溝通與訊息流通，以及社區自我組織與能力（Norris, et al, 2008; Tierney, 2014），下文則從這幾個面向來分析受訪者對高雄氣爆個案的看法：

（一）社區產業與經濟發展

　　社區的產業與經濟發展對社區居民具有非常重要的意義，若產業與經濟未能發展，社區的人口外流或老化是經常可以看到的事情。然而，重大的災害往往對社區的產業與經濟發展是嚴峻的挑戰。無論從本個案的宏觀或微觀層面來說，皆產生許多影響。前者例如高雄市甚至是台灣如何有一個更安全的石化產業已受到許多檢討；從社區的層面來看，本次氣爆個案災區內的店家受到波及，高雄市政府也透過辦理以都市更新活動災區、補助建築物「挽面」、災區招牌更新輔導，以及振興商圈活動等（陳淑文主編，2016：217-228），期使讓社區經濟儘速恢復發展。針對此點，某位受訪的里長表示：

> 本來說挽面每戶要出錢幾分之幾，說實在的後來善款太多了，所以最後挽面方面全部都是市政府出的。還不只這樣，後來很多屋頂破掉也很嚴重，市政府也來做。（受訪者B-9）

　　然而另一位里長則提到兩個例子，說明市政府補助或賠償在規定或程序上比較缺乏彈性：

像〇〇大廈那棟大樓，以前都不會漏水，爆炸之後現在只要一下雨就都沒辦法停車，都是水，它會漏水。那個地下室的牆壁已經裂開，但是市政府說那裡不是受災戶，如果不是受災戶就沒辦法賠，而沒人賠現在變成那邊如果一下雨就漏水，如果要找人來做也不可能，老的大廈防水不可能從裡面做，難道要整棟大樓都拆掉嗎？（受訪者B-10）

其實人都是健忘的，過了就忘記了，生活還是正常，做生意的也是繼續做。第一線的當然都有賠，但像租車行他看你一天的發票開多少，依發票開多少為準。那時候很多人都為省發票少開一些，結果少開發票的，賠償比較少。（受訪者B-10）

綜合來說，從產業與經濟發展來看社區韌性系統建構，主要取決於經濟資源含量、多樣性，以及資源公平與社會脆弱性。筆者近幾年也經常赴高雄市蒐集個案資料、進行訪談，以及到主要災區參訪，了解到本個案災區屬於較傳統社區。因此如同里長所言，災後社區民眾很快生活就恢復正常、做生意的也繼續做生意。本個案除了大批善款湧入災區讓應變與復原階段的資源更加豐富，以及緩慢進行的都市更新之外，針對社區經濟力的多樣性、公平性及脆弱性的檢討或強化，則似乎有更多討論或規劃的空間。

（二）信任與社會資本

社會資本涉及到人們、社區、群體在災難中願意幫助別人的意願，其網絡互動在社區災害生存和恢復中的關鍵作用，並認為應該要通過加強社區層面的社會基礎設施來增強對災害的抵禦能力（Aldrich and Meyer, 2015; Tierney, 2014），在高雄氣爆的個案中，受訪者指出幾個重點：

民間有太多太多熱心、有技術的人員，他願意來投入救災的工作，這是無庸置疑的。因為這些指揮官不見得是內行的[2]，他可

---

2 例如受訪者提到救難有分為山域、陸域、水域等不同領域。

能也不熟悉這領域，所以在平常跟地方像我們這些單位、救難團隊的互動，顯得更加重要。在災難現場都是老朋友和自己人，默契十足而且都是老朋友，大家那種互相支援會最到位。所以我比較支持每一個團隊、消防人員、救難官方一定要跟當地民間救難團隊有一個很好的互動，包括有什麼節慶，大家可以互相吃個飯交流一下，喝個茶都可以。（受訪者B-7）

此外，即便是企業或民間要協助救災，民眾對於企業信任程度高低或企業平日累積的聲譽也很重要，例如某位里長受訪者就曾提到：

○經理來跟我說我們可以幫人家油漆，不用錢的。你覺得沒事情叫人家幫里民油漆是正常的嗎？萬一他油漆完要拿錢我不就倒了。結果剛好一個市政府的人來我這，我也認識他。他就說，里長油漆的事情可以找他，他要油漆那個算善事的，不用錢。我說喔～好！人也是很貪的（按：里長笑著自嘲），我就說快點快點快幫忙油漆，整個凱旋路都請他去油漆。（受訪者B-9）

再者，某位受訪的市議員也點出善款流向不夠透明也會影響到民眾信任程度：

針對這些捐款的運用，沒有非常透明。我一直追著這個案子並要求他們要公布明細，可是有一些善款還是沒有用在災民身上，而是用在復興商圈或經濟的復甦。之前花蓮縣政府在地震的時候也是這樣做，就被罵得很慘。（受訪者B-4）

簡言之，從社會資本來看災害韌性系統，網絡鏈結、社會支持以及社區黏著度、根源與承諾（Norris, et al, 2008），本個案發生時對社區所產生的壓力是非常大的，而氣爆過後社區民眾的相互扶持更顯重要。兩位受訪里長就指出：

身歷其境的人才會感覺到恐怖。那時候一爆炸整個就停電，像爆炸一樣整個燒起來，從光華路那邊一直爆炸快要到凱旋、三多

了，到最後爆炸後，其實凱旋路整個像河溝。在這很亂的過程
中間大家也不知道何去何從，不曉得應該怎麼處理。（受訪者
B-10）

我曾經被里民罵說瘋子，我說對啊我有精神科的藥，我真的去吃
精神科的藥，去看精神科，因為承受不住所以去看。其實我的
里民已經很團結了，需要的泡麵、水等，他們就自己來把它分一
分。（受訪者B-9）

氣爆後社區民眾的心理復原議題也受到高度重視，例如市政府曾辦
理社區安心講座及心理衛生宣導、一系列的紀念活動、劇團演出、音樂
會（包含五月天在2015年元旦的義唱），或祈福法會等（陳淑文主編，
2016：232-233、263-267）。在氣爆應變過程時，某位受訪里長曾生動的
提到一段故事，說明政府解決問題能力提高有助於撫平社區民眾心理的恐
懼進而獲得支持：

大家都會覺得說那裡很陰，在路中一邊挖路燈一邊在閃，剛開始
的時候那裡的里民都不敢跟我說，有一次可能閃得太嚴重，他們
就反應說，里長，路燈好像鬼火一樣閃整個晚上，他們窗簾拉起
來還是有感覺。我打1999，他們那邊回應我這是工務局的事情。
後來我直接找局長，他跟我說沒關係，他馬上叫人來處理。處理
完之後過幾天又開始閃，他就說，里長，那麻煩你騎摩托車去幫
我看凱旋路那一段到那一段會這樣閃，一次整個路段來做處理比
較有效。（受訪者B-9）

綜合來說，從社會資本與社區韌性系統的角度來看，基於網絡及集體
行動的邏輯，若團體人數、規模過大時，則有可能影響網絡中心樞紐與邊
陲距離、密度或搭便車（Norris, et al, 2008; Olson, 1965）等情況產生。以
當前台灣社區的概念多以行政轄區（例如鄉、鎮、市、里）為基礎，或許
未來可打破以行政轄區的概念來界定社區，例如創造以議題或功能（如志
工團隊）為導向的次級社區網絡，並創造更多社區利害關係人的認同、互

動，以及社區民眾的參與，將有助於累積信任與社會資本以厚實社區災害韌性。

（三）溝通與訊息流通

　　有效的溝通有助於組織或團隊的目標達成，而正確的資訊是決策判斷的重要依據，此二者對於網絡治理的重要性不言可喻。面對多元行動者之間的溝通方式與管道日益多元化及資訊爆炸的情況，幾位受訪者點出協力災害治理溝通協調的意義及實際例子：

> 災難發生的時候也不可能眼睜睜把要來幫忙的人阻隔在外，可是這就容易發生溝通上的問題。例如資源浪費，或重複搜救區域等。我們也遇過在玩無線電的，聽到災害訊息後就跑來災害現場，可能有時候反而會幫倒忙，這時候就會請現場執法的警察跟他們溝通或勸離。（受訪者B-5）

> 12點多我就出去巡，因為都很怕房子會垮下來，更怕會爆炸有的沒的，我回來就打電話給市政府的一位官員，你知道他怎麼問我？這一句話我永遠都不會忘，他回應一句說：「你為什麼打電話給我？」就是這種口氣。我說我是○○○里長，現在什麼事情需要看要怎麼辦。他就跟我說，那你怎麼有我的行動？我說市府給我的啊，他說好，那晚點我跟你聯絡，然後就沒有下文。……我也曾打去都發局，他們就說這個你要打給哪一組，或者你要打另一組找哪一個。我就覺得怎麼這麼多組，整個都暈掉了！我的記性又很差，又覺得頭很暈，每天吃藥昏昏沉沉，所以後來我都會罵他們（按：事情無法有效解決）。（受訪者B-9）

受訪的里長進一步指出藉由手機在災害發生時發布訊息的重要性：

> 在災難形成你要發布消息，手機一人一機在手，透過手機發布說現在要往哪一個方向逃是不是很好嗎？剩下的沒有那麼好用，

你說電視報導，都沒電了哪來的電視，要去哪裡看？（受訪者
B-9）

值得注意的是，當前公共治理已經不是處於資訊匱乏的時代，2015年
筆者赴日本仙台參與聯合國第三屆全球減災高峰會（WCDRR），與災害
治理大師、匹茲堡大學的Louise Comfort教授晤談的過程中，她也提到在
自媒體的時代中，關於資訊的篩選與確認反而是更重要的議題。

（四）社區自我組織與能力

從文獻討論來看，社區韌性系統建構非常關鍵的一個運作要素即在於
社區自我組織過程，還有就是社區能力的培養。兩位救災經驗非常豐富的
受訪者提到：

> 很多人是愛心大過於能力，例如他們要開船救人時，不了解海象
> 問題然後就把救援船開到消波塊上面，滿妙的，如果人（救援
> 船）一旦被押進去〔消波塊〕就會卡住出不來。我很常跟我們隊
> 員講，你要讓指揮官知道你自己的能力負荷。（受訪者B-8）

> 有些團體非常有愛心，救災也很衝，我只能說他們很lucky。我
> 經常跟我的同仁講我們在做的時候要先確保安全，並衡量我們現
> 有的資源和能力，所以在策略上架構化這邊我會想的比較多。
> （受訪者B-6）

從本個案來看，本研究訪談過程發現到即便在氣爆過後，社區自我組
織的程度目前仍屬不足。本研究詢問了兩位災區的里長，經過本次氣爆事
件，就他們的觀察社區里民是否有學到什麼經驗，兩位里長的回覆都是偏
向較消極的看法：

> （變化）可能性比較低，縱然你去教他，所有的突發事件都是不
> 一樣的，所以都沒有辦法，這種都沒有辦法都是臨時性的。（受
> 訪者B-9）

沒什麼（變化），要怎麼說，大家都當作茶餘飯後聊天這樣，不至於說很驚嚇。很鎮定了，這是我們最可貴的所在，就這樣過就過了。（受訪者B-10）

事實上，自我組織是一個在社會情境中，一個透過連續「交互行為」的過程。這些行為是最常見的系統內或系統與環境之間，兩個或多個參與者之間直接傳輸口頭、書面或電子形式的通信。這些行為還可能包括通訊符號和非語言形式，它間接地透過實例和行動傳遞強大信息（Comfort, 1994）。換言之，溝通是社區自我組織的基石；而社區在自我組織以及能力培養過程中，也有助於促進溝通與信息流通，進而將促進社區韌性系統之有效建構。因此，本個案的社區除了將過去經驗當成茶餘飯後的聊天議題外，未來也可加入專業的觀點在溝通過程，觸發社區意識並可凝聚更多提升能力之共識。

第五節　高雄氣爆協力災害治理之網絡管理策略與成效

可視為複合型災害的高雄氣爆個案，[3]由於災害發生成因與轉型的複合性，讓原生災害與二次災害之間的區隔不易切割，因此對採行單一災害管理途徑（single-hazard management approach）之災害管理與風險管理系統造成很大壓力，並成為災害治理重要的挑戰（吳杰穎等，2007）。換言之，協力災害治理在本個案中是有高度的需求，因此如何尋求更具成效的協力網絡管理策略，則是成敗的關鍵之處。本研究藉由圖5-2的架構及第三節的主要變數測量與量化資料蒐集過程，在循證（evidence-based）基礎下，進一步分析本個案網絡管理策略與成效之間的關係。表5-3呈現了主要變項的描述統計及驗證式因素分析（Confirmatory Factor Analysis, CFA）結果。

3　高雄氣爆的個案中，除了7月31日接近午夜的油料管線爆炸之外，其後的汛期、豪雨造成被炸毀的凱旋路變成凱旋河，之後又因積水難退導致登革熱疫情大爆發。

表5-3　高雄氣爆個案描述統計及因素分析

變項	測量問題	尺度	平均數	標準差	解釋變異量	共同性萃取	KMO	Cronbach's α
內容產出（DV）	不同的參與者之間發展出創新的想法。	1-5	3.67	.787		0.682		
	不同參與者之間的功能被充分連結。	1-5	3.70	.809		0.693		
	被發展出來的方案員正解決了手邊的問題。	1-5	3.74	.673	68.64%	0.744	.674***	.845
	被發展出來的解決方案能夠持續下去。	1-5	3.72	.731		0.627		
活化（IV1）	可充分確認資源（設備、用品、費用、人力等）。	1-5	3.81	.795		0.701		
	可清楚確認本次個案中的利害相關人（如家屬、媒體、民代等）。	1-5	3.78	.889	63.13%	0.613	.777***	.800
	對所有參與者一視同仁。	1-5	4.09	.718		0.662		
	可以把參與成員所討論出的建議實際應用出來。	1-5	3.85	.831		0.549		
架構化（IV2）	與所有參與者建立災害防救的共同願景。	1-5	4.00	.708		0.473		
	確認其他參與者都了解各自在應變與復原的角色。	1-5	3.96	.738		0.587		
	能立即掌握有效的災情資訊。	1-5	3.91	.747	61.87%	0.629	.838***	.845
	能明確確認本個案應變和復原的績效指標。	1-5	3.87	.738		0.723		
	可以取得市政府高層主管的充分支持。	1-5	4.01	.810		0.681		

表5-3　高雄氣爆個案描述統計及因素分析（續）

變項	測量問題	尺度	平均數	標準差	解釋變異量	共同性萃取	KMO	Cronbach's α
動員 (IV3)	• 保持市府在本個案合作上有較高、較好自主權。	1-5	4.06	.709		0.548		
	• 鼓勵來自縣市政府外部利害相關人的支持。	1-5	4.02	.801		0.646		
	• 與縣/市政府外部利害相關人保持良好關係。	1-5	4.03	.834	60.71%	0.673	.817***	.868
	• 會激發所有參與應變與復原機關或團體之熱情。	1-5	4.04	.796		0.530		
	• 能建立成員對於共同使命的承諾。	1-5	4.13	.750		0.674		
	• 會公布所有參與者共同的目標和成就。	1-5						
綜效化 (IV4)	• 能創造所有成員間的信任。	1-5	3.83	.640		.640		
	• 可以和所有參與者維持緊密聯繫的合作關係。	1-5	3.87	.666		.641		
	• 使所有參與成員了解他們被期待的角色是什麼。	1-5	3.80	.739	63.07%	.665	.867***	.876
	• 能夠規劃欲完成之工作事項。	1-5	3.84	.896		.533		
	• 會協調所有參與者的相關工作。	1-5	3.99	.643		.677		
	• 會維持工作快速的步調。	1-5	3.96	.751		.628		

表5-3 高雄氣爆個案描述統計及因素分析（續）

變項	測量問題	尺度	平均數	標準差	解釋變異量	共同性萃取	KMO	Cronbach's α
信任 （MO1）	• 其他機關的參與者是值得信賴的。	1-5	3.92	.736	80.21%	.759	.731***	.876
	• 我們相信其他參與者不會因粗心而讓我們工作變得更困難。	1-5	3.57	.839		.809		
	• 根據其他參與者過去的經驗，我們沒有理由懷疑他們在這工作上的能力。	1-5	3.76	.823		.838		
資訊分享 （MO2）	• 我自願和其他同仁分享訣竅、資訊和知識。	1-5	4.13	.605	69.26%	.816	.603***	.734
	• 我們可與內部同仁溝通合作，以共享資訊與知識。	1-5	4.16	.599		.828		
	• 我們可以自由的汲取機關中其他單位的文件、資訊與知識。	1-5	3.44	.836		.434		
課責 （MO3）	• 與其他合作夥伴有進行外部「審計」（查帳）。	1-5	2.74	1.153	75.09%	0.785	.643***	.829
	• 與其他團體合作夥伴關係有正式外部課責機制。	1-5	2.80	1.122		0.861		
	• 我與合作夥伴需向其他機構提交正式報告。	1-5	3.39	1.195		0.607		

備註：(1)Extraction Method: Principal Component Analysis. (2) $*** p < 0.001.$

資料來源：本研究彙整。

　　表5-3的變項在因素分析之後，其所呈現的測量題目與原始設計構面的量表略有不同，主要基於兩個刪題標準，分別是：1.本個案因素分析時共同性萃取值；以及2.與下一章2016年高雄美濃（台南）地震個案因素分析的結果一起來做比較。兩個個案在一致的測量問題基礎下，下一章節會有研究結果的比較分析。此外，表5-3的8個主要變項解釋變異量均達60%以上，且KMO值也均大於0.6以上並達顯著水準，在可接受的範圍，而其中有3個是大於0.8。最後，信度分析除了自變項的 資訊分享 為0.734在可接受的範圍的結果之外，其餘變項都達良好的0.8以上[4]。

　　近來的研究指出，如果沒有適當的網絡管理策略（network management strategy），在網絡中這些複雜的交互過程中實現有意義的結果將是非常困難的（Klijn, Ysa, Sierra, Berman, Edelenbos, & Chen, 2015）。面對協力災害治理網絡的運作，究竟何種策略會發揮什麼作用，又學理上協力災害治理的主要運作要素又對協力成效有何調節效果，都是本研究想進一步探討的議題。表5-4、表5-5及表5-6則呈現主要變數之間的線性迴歸分析結果，其中表5-4呈現信任對於網絡管理策略及協力成效的調節效果，表5-5呈現資訊分享對於網絡管理策略及協力成效的調節效果，而表5-6呈現課責對於網絡管理策略及協力成效之調節效果。

　　表5-4、表5-5及表5-6的分析有幾個重要的發現：首先每個迴歸分析表格皆有三個模型，第一個模型分析協力治理要素對協力內容產出之效果，而第二個模型分析四個網絡管理策略對協力內容產出的影響，第三個模型則是完整模型（Full Model），分析協力治理要素對網絡管理策略與協力內容產出的調節效果。三個迴歸分析表格中調整後R^2在完整模型（Model 3）中皆有增加，其中又以「信任」對協力內容產出的調整後R^2增加幅度較高，達到0.672。其次，比較三個迴歸表格的Model，三個協力災害治理要素，分別是信任、資訊分享與課責，對協力內容產出皆有正向顯著的影響，其中又以「信任」的係數最高，達到0.616。第三，從網絡管理策略來看的話，四個策略中「動員」與「綜效化」對協力內容產出皆達到顯著

表5-4 高雄氣爆個案中以「信任」為調節變項之迴歸分析結果

協力之內容產出

自變項	Model 1		Model 2		Model 3	
	B	(S.E.)	B	(S.E.)	B	(S.E.)
協力要素						
信任	.616***	(.069)			.164*	(.076)
網絡管理策略						
活化			-.056	(.071)	-.065	(.080)
架構化			.010	(.100)	.001	(.103)
動員			.351***	(.092)	.249*	(.096)
綜效化			.522***	(.092)	.507***	(.102)
調節效果						
活化×信任					-.013	(.047)
架構化×信任					.156	(.096)
動員×信任					.146	(.103)
綜效化×信任					-.233**	(.088)
控制變項						
平均受教育年數	-.094	(.064)	-.088	(.049)	-.067	(0.048)
現職平均年資	-.009	(.008)	-.006	(.006)	-.007	(.006)
常數	1.699	(1.102)	1.566	(.846)	1.185	(.830)
統計量	N=136 $F_{(3,132)}=31.002$ $p<0.001$ $R^2=.413$ Adjusted $R^2=.400$		N=136 $F_{(6,129)}=42.75$ $p<0.001$ $R^2=.665$ Adjusted $R^2=.650$		N=136 $F_{(11,124)}=26.149$ $p<0.001$ $R^2=.699$ Adjusted $R^2=.672$	

備註：****$p<0.001$；**$p<0.01$；*$p<0.05$；†$p<0.10$.

資料來源：本研究彙整。

表5-5　高雄氣爆個案中以「資訊分享」為調節變項之迴歸分析結果

	協力之內容產出					
	Model 1		Model 2		Model 3	
自變項	B	(S.E.)	B	(S.E.)	B	(S.E.)
協力要素						
資訊分享	.405***	(.078)			-.040	(.065)
網絡管理策略						
活化			-.056	(.071)	-.106	(.072)
架構化			.010	(.100)	.071	(.102)
動員			.351***	(.092)	.328***	(.092)
綜效化			.522***	(.092)	.543***	(.103)
調節效果						
活化×資訊分享					.049	(.067)
架構化×資訊分享					.132	(.094)
動員×資訊分享					-.082	(.103)
綜效化×資訊分享					.055	(.096)
控制變項						
平均受教育年數	-.138	(.074)	-.088	(.049)	-.059	(.049)
現職平均年資	-.013	(.009)	-.006	(.006)	-.008	(.006)
常數	2.496	(1.27)	1.566	(.846)	1.012	(.852)
統計量	N=136 $F_{(3,132)}=11.962$ $p<0.001$ $R^2=.214$ Adjusted $R^2=.196$		N=136 $F_{(6,129)}=42.75$ $p<0.001$ $R^2=.665$ Adjusted $R^2=.650$		N=136 $F_{(11,124)}=25.56$ $p<0.001$ $R^2=.694$ Adjusted $R^2=.667$	

備註：****$p<0.001$；**$p<0.01$；*$p<0.05$；†$p<0.10$.
資料來源：本研究彙整。

表5-6 高雄氣爆個案中以「課責」為調節變項之迴歸分析結果

自變項	協力之內容產出					
	Model 1		Model 2		Model 3	
	B	(S.E.)	B	(S.E.)	B	(S.E.)
協力要素						
課責	.262**	(.084)			.085	(.056)
網絡管理策略						
活　化			-.056	(.071)	-.039	(.086)
架構化			.010	(.100)	.061	(.113)
動　員			.351***	(.092)	.260*	(.109)
綜效化			.522***	(.092)	.524***	(.094)
調節效果						
活　化×課責					.062	(.059)
架構化×課責					.158	(.085)
動　員×課責					-.079	(.075)
綜效化×課責					-.147	(.096)
控制變項						
平均受教育年數	0.155*	(.078)	-.088	(.049)	-.082	(.049)
現職平均年資	-.009	(.010)	-.006	(.006)	-.004	(.006)
常　數	2.74*	(1.347)	1.566	(.846)	1.45	(.854)
統計量	N=136 F(3,132)=6.038 p<0.01 R²=.121 Adjusted R²=.101		N=136 F(6,129)=42.75 p<0.001 R²=.665 Adjusted R²=.650		N=136 F(11,124)=24.162 p<0.001 R²=.682 Adjusted R²=.654	

備註：$****p<0.001$；$**p<0.01$；$*p<0.05$；$†p<0.10$.

資料來源：本研究彙整。

正向的影響，其中綜效化的係數達到0.522。最後，在不同的要素調節效果中，可發現少部分協力治理要素在網絡管理策略及協力運作成效上具有效果，例如「綜效化與信任」是轉變為負向的調節效果，而「架構化與課責」在$p < 0.1$的情況下也具有正向的調節效果。此部分在下一章個案分析後，會進一步於理論層面上探討相關之意涵。

第六章

個案分析：2016年高雄美濃（台南）地震事件

第一節　高雄美濃（台南）地震個案背景

一、案例緣起與背景

　　2016年2月6日3時57分於高雄市美濃區發生芮氏規模（ML）6.6的有感地震，震央位在東經120.54度、北緯22.92度、深度14.6公里。0206震災造成台南市永康區維冠金龍大樓、新化區京城大樓銀行、仁德區太子路大樓、歸仁區旺林飯店、東區大智里菜市場、歸仁區信義北路46號集合式住宅及山上區南洲里104號零售市場等多棟建築物傾斜倒塌，其中又以永康區維冠金龍大樓倒塌造成人員傷亡最為嚴重。本次震災災害共造成117人死亡、504人受傷（63重傷、441輕傷），傷亡人數總計621人（內政部消防署，2016，瀏覽於2019/5/25）。此次地震官方名稱為「0206高雄美濃地震」，然因為主要災區在台南市，一般新聞媒體則稱「0206台南地震」。由於本次震災主要負責災害應變與復原為台南市政府，再加上問卷調查前一些受訪者及公務同仁之建議，故在問卷上使用「0206高雄美濃（台南）地震」之名稱。

　　此次是1999年9月21日集集大地震之後，台灣傷亡最嚴重的地震。地震在凌晨3時57分發生後，台南永康的維冠金龍大樓隨即在4時3分倒塌，經過八天七夜的連日搜索，最後維冠金龍大樓在2016年2月18日確定死亡人數達115人、生還者175人，其中96人受傷，超越了1999年9月21日倒塌的東星大樓（87人死亡），成為台灣史上因單一建築物倒塌而造成傷亡最慘重的災難事件。此次震央雖然在高雄美濃，然而災情最慘烈且建築大樓倒塌較為嚴重的地方卻在台南市，經判斷為土壤液化所致。另一方面，大震後五天，餘震共發生81次，其中有感餘震17次，最大規模為4.9。農林漁牧業產物及設施（含民間與公共）估計損失計1億2,753萬元；工業區內廠商損失金額15億6,250萬元（直接損失6,250萬、間接損失15億）；文化資產共57處（包括私有32處、公有25處）遭受地震損壞，修復估計總經費約4億2,329萬元。受地震影響，第一時間台電公司停電用戶超過17萬戶，

台水公司停水超過40萬戶，總經濟損失估計超過達32億；累計開設收容所
共14處（台南市），累計收容人數313人（內政部消防署，2016，瀏覽於
2019/5/25）。

二、災害應變過程

　　本次震災發生後，中央災害應變中心於2月6日4時15分一級開設；而
台南市政府災害應變中心也立即啓動災害應變機制，並於2月6日4時30分
在永華災害應變中心成立一級開設，市政府召集各編組單位進駐災害應變
中心執行各項災害應變處置工作。台南市政府消防局獲報災情，立即派員
前往各出事現場救災，第一批13車33人抵達維冠金龍大樓，依經驗判斷救
災難度高，即刻回報台南市政府消防局，局長李明峰抵達現場後即在永康
區永大二路129號成立前進指揮所。相關的應變作爲包含：設立警戒區範
圍、災害警戒封鎖、場所空間規劃、捐贈物資場所設立、搶救人員休息場
所、市政府服務站、家屬服務中心、家屬休息區、媒體中心、檢傷區、流
動廁所、罹難者大體後送及相驗、電信行動基地台架設臨時救難電話、照
明設備、發電機、場所設備提供、場所空間分布圖製作與公告、後勤補給
等（內政部消防署，2016，瀏覽於2019/5/25；李心平，2016）。圖6-1呈
現本次地震應變歷程。

　　就台南市政府警察局而言，在地震發生後警察局本部及各分局也同步
成立「災害緊急應變小組」，並於主要災害現場永康維冠金龍大樓倒塌現
場附近成立前進指揮所協助救災及交通管制。此外，在災區現場動員警察
局所轄分局設置機動派出所共計10處，將危樓災區及災民收容所納入巡邏
區，並提供民眾諮詢協助及受災區失蹤人口作業。最後，也配合蒐證調查
及採集相驗。在大鋼牙開挖進程及台灣台南地方法院檢察署檢察官及技師
公會、專業技師進行維冠金龍大樓建築物主體鋼筋採集檢驗，派遣刑事人
員全程錄影協助取證（台南市政府災害防救辦公室，2017：62）。

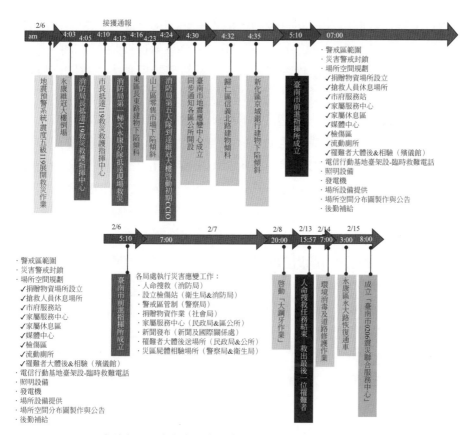

資料來源：台南市政府災害防救辦公室，2017：20。

圖6-1　0206高雄美濃（台南）地震應變歷程

三、本個案公私協力救災之情況

地震發生後，台南市政府調集各大隊人力投入救災，因主要搶救地點維冠金龍大樓災害規模甚大，台南市政府同時也向中央請求支援，各縣市消防局搜救人員及民間救難團體陸續抵達災害現場完成報到，由消防局分配任務後全力投入救災（李心平，2016）。救災的人命搜救過程中，台南市政府也啟動救災指揮與整合管理機制（Command and Control of Incident Operations, CCIO）。其中作業組區分為第一到第四面救援組別，將來自

全台各地縣市政府以及民間救援團隊編入各組。第一面包含台南市政府消防局第五大隊（501）消防90人、義消6人；新竹縣特搜18人；消防署特搜28人；中華特搜11人；南投縣特搜11人；新竹市特搜13人；桃園市特搜34人；台南市精英搜救協會16人、台南市鳳凰水上救生協會3人；支援合計133人，總計229人。第二面包含台南市政府消防局第六大隊（601）消防21人、義消35人；台東縣特搜11人；苗栗縣特搜11人；花蓮縣特搜7人；台北市特搜10人；嘉義市特搜20人；台中市特搜10人；文南緊急救援隊11人；支援合計80人，總計136人。第三面包含台南市政府消防局第四大隊（401）消防29人、義消7人；雲林縣特搜4人；基隆市特搜27人；彰化縣特搜7人；虎尾寮特搜54人；威鯨救難協會9人；支援合計101人，總計137人。第四面包含台南市政府消防局第七大隊（701）消防20人；桃園市特搜26人；高雄市特搜76人；國軍16人；屏東縣特搜21人；台南市特搜15人；嘉義縣特搜16人；宜蘭縣特搜10人；彰化縣特搜19人；桃園市吉普救協6人；嘉義市救難協會7人；支援合計212人，總計232人（台南市政府災害防救辦公室，2017：21-22）。第一時間進駐災害現場的台南市政府消防局義勇消防組織、民力團體等共有72個單位。在跟時間賽跑的情況下，不畏艱難與寒冷搶救人命，共計出動4,699人次（台南市政府災害應變告示網，2016/2/25，瀏覽於2019/5/26）。

　　此外，從地震隔日開始，一天之內26間旅宿業家加入受災戶收容，另外兩個春節市集也辦起募款活動。臉書粉絲團「助台南志工團」，利用網路讓民眾登記個人專長、聯絡方式，地震當天早上7點表格上線，快速聚集近4,000人登記，從醫師、土木技師、社工，到日本的志工團體都找上門來（劉致昕，2016）。此次地震的慈善公益捐款截至2017年7月7日止實收金額計新台幣43億526萬8,591元整，台南市政府也訂定「台南市政府0206地震災害捐款專戶設置管理及監督作業要點」，並召開台南市政府0206地震災害捐款專戶管理及監督委員會議（台南市政府災害防救辦公室，2017：47）。值得注意的是，搜救過程中台南市政府與民間搜救組織日夜不斷搶救，惟幾天後中華民國搜救總隊突然於2月11日晚間宣布撤離搜救現場，並表示搜救過程中受到百般阻撓，感覺像是打零工的。另一方

面台南市政府則表示該總隊不聽從指揮，甚至要求交出指揮權（ETtoday新聞雲，2016/2/16，瀏覽於2019/5/26；自由時報電子報，2016/2/15，瀏覽於2019/5/26）。民間團體與政府單位在協力救災的互動上，在此時也受到新聞媒體許多的關注。

四、災害復原與重建

　　震災應變救援告一段落後進入復原與重建階段，賴清德市長主持召開9次0206震災復原重建小組，並針對災區工程、教育、生活重建三面向訂定執行計畫，內容包括建物紅、黃單列管、拆除補助標準、受災戶救助、校舍重建、慰問救助、救濟、物資管理等。此外，也設立0206地震災害捐款專戶管理及監督委員會，藉以討論並決定善款如何分配及使用。再者，復原也包含搶險搶修、災後復建工程，及建物補強拆除及改善，例如地下管線復原。台南市政府也運用手機APP查詢圖資及加速協調效率，另外也加強公共建物耐震補強、提供都市更新重建及租金補貼、受災戶貸款、稅收減少因應措施，以及緊急醫療心理重建，最後也協助維冠金龍大樓團體訴訟之進行（侯俊彥，2016）。由於本次的主要災區在維冠金龍大樓，而主因在於土壤液化導致大樓倒塌，因此中央相關部會也特別重視老舊建築物的耐震評估，以及土壤液化潛勢地區的調查、分析及公布。例如，災後內政部營建署推動老舊建築物耐震性能評估，政府補助民國88年12月31日前申請建照之私有老舊住宅，以推動全面進行耐震能力初步評估及詳細評估。補助耐震能力初步評估之內容為：總樓地板面積未滿3,000平方公尺每件補助6,000元，3,000平方公尺以上（含）每件補助8,000元，採全額補助。補助耐震能力詳細評估之內容為：經初步評估有安全疑慮之公寓大廈，得申請詳細評估，補助比例上限為45%並不超過30萬元。在因應經濟部公開土壤液化潛勢區資料研擬配套措施，內政部也有補助直轄市、縣（市）政府進行中級精度土壤液化潛勢地圖，補助直轄市、縣（市）政府進行地質改善示範工程等做法（內政部消防署，2016）。

第二節 個案資料蒐集方法

一、質性資料蒐集

本個案藉由專家學者座談會與深度訪談所蒐集質性資料的主要對象詳如下表6-1所示，在會議與訪談過程中均獲得出席人員與受訪者同意進行錄音紀錄。

表6-1 高雄美濃（台南）地震個案質性資料受訪者一覽表

代號	服務機關	受訪者／出席人員	時間／地點	形式
A-5	行政院〇〇〇〇辦公室	〇〇〇副主任	2016/5/3 中央警察大學	專家學者座談會
A-6	國立台北大學	〇〇〇教授	2016/5/3 中央警察大學	專家學者座談會
A-7	中央警察大學	〇〇〇助理教授	2016/5/3 中央警察大學	專家學者座談會
A-8	國立台灣大學	〇〇〇博士	2016/5/3 中央警察大學	專家學者座談會
C-1	中央警察大學	〇〇〇副教授兼所長	2017/3/2 警大台北聯絡處	專家學者座談會
C-2	行政院〇〇〇〇辦公室	〇〇〇副主任	2017/3/2 警大台北聯絡處	專家學者座談會
C-3	國立台北大學	〇〇〇教授	2017/3/2 警大台北聯絡處	專家學者座談會
B-3	國立中興大學	〇〇〇教授	2017/5/24 台中市	深度訪談
B-8	中華民國紅十字會高雄市分會〇〇〇〇大隊	〇〇〇大隊長	2019/5/9 高雄市	深度訪談
D-1	台南市政府	〇〇〇參議	2017/11/15 台北市	深度訪談
D-2	國立成功大學	〇〇〇教授	2018/6/21 台北市	深度訪談

表6-1　高雄美濃（台南）地震個案質性資料受訪者一覽表（續）

代號	服務機關	受訪者／出席人員	時間／地點	形式
D-3	台南市政府	○○○參事	2019/7/1 台南市	深度訪談
D-4	台南市永康區○○里	○○○里長	2019/7/21 台南市	深度訪談

備註：代號A與B係與第五章同一份質性資料，內容同時涉及兩個個案。

資料來源：本研究彙整。

　　本研究在2016年5月間邀集學者專家進行座談，分別就國內外廣泛的韌性系統及協力災害治理的議題進行討論，與會者並從國內外不同的災害案例提供寶貴想法。此外，2017年3月在中央警察大學台北聯絡處所舉辦的專家學者座談會中，本研究首先邀請了日本明治大學的學者針對日本的協力災害治理以及熊本大地震的案例進行簡報分享，拋出一些討論議題，隨後台灣三位與會的專家學者也針對台灣的狀況以及高雄美濃（台南）地震的經驗進行討論。最後，在深度訪談的部分，本案例的受訪者包含了災害管理及協力治理的學者、台南市政府災害防救辦公室的官員，以及高雄美濃（台南）地震主要災區的里長。另外在高雄氣爆個案訪談時有部分民間團體亦參與本章個案之救災，也一併納入質性資料分析範圍。

二、量化資料蒐集

　　基於第五章的研究架構、問卷設計與量化資料蒐集方法，本章個案的研究分析單位（unit of analysis）同樣為組織，問卷發放對象包含了台南市政府一級機關中的單位主管（如各科科長）、二級機關之首長及副首長，以及各區公所所長。同樣地，由於並非所有機關單位都有參與高雄美濃（台南）地震之應變或復原過程，本問卷第一題題組中即詢問該單位參與經驗，回答沒有或不清楚者即停止作答，藉以透過題組的篩選以確保填答之機關單位均係在本協力災害治理之網絡中。本次問卷調查總計共發放數量434份，回收351份，扣除掉無效問卷、空白問卷，並根據問卷

第1c題的篩選題，本題填答沒有參與，或不清楚高雄氣爆個案的應變或復原過程者，總計可進行後續分析之有效問卷為198份，有效問卷回收率約45.62%。由於本研究分析單位為組織，部分機關或單位同時有2份以上的回覆（如正、副首長或主管均回覆），本研究則取平均值作為該機關該題項之分數。表6-2呈現各題描述性統計。

表6-2　高雄美濃（台南）地震個案協力災害治理個案問卷回覆樣本特徵（N=198）

項目	特徵	次數	有效比率
性別	男	146	73.7%
	女	52	26.3%
教育程度	專科、技術學院（含以下）	7	3.6%
	大學	66	33.5%
	研究所以上	124	62.9%
職務性質	機關／單位主管	157	81.8%
	機關／單位副主管	29	15.1%
	非主管人員	6	3.1%
公務機關服務年資	0至5年	1	0.5%
	6至10年	10	5.1%
	11至15年	17	8.7%
	16至25年	78	39.8%
	26年以上	90	45.9%
現職單位服務年資	3年以下	63	32.3%
	3至5年	40	20.5%
	6至10年	57	29.2%
	11至15年	13	6.7%
	16至25年	16	8.2%
	26年以上	6	3.1%

資料來源：本研究彙整。

　　從表6-2來看，回覆樣本的男性比例較高，接近7成4，也比高雄氣爆的個案來得高。教育程度為研究所以上的則有接近6成3，而擔任機關或單位主管的比例將近8成2，皆比高雄氣爆個案來得高。就服務公職的總年資來看，26年以上的占將近4成6，其次為16至25年的有將近4成，顯見回覆樣本者多數為資深的公務員。然而在現職服務年資的部分，10年以下的總計則有超過8成。

　　最後，由於本個案協力災害治理應變與復原發生於2016年2月，為避免問卷回覆者在本個案的回憶偏差（recall bias）過大，與前一章之問卷設計相同，本研究依據高雄美濃（台南）地震個案背景設計了5題是非題，答對者該題得1分，答錯者該題0分，5題總分未達3分者則排除該份問卷，因此後續進一步用以分析個體的問卷共計176份。由於本研究分析單位為組織，部分機關或單位同時有2份以上的回覆（如正、副首長或主管均回覆），則取平均值作為該機關該題項之分數。以機關單位來看，則共有156個成功樣本。

第三節　高雄美濃（台南）地震與社區災害韌性系統建構

一、社區韌性系統的理解與建構的契機

　　學理上認為受災者不是受害者，他們是緊急事件期間的第一個反應者，也是重建過程最為重要的夥伴，在沒有政府、人道主義組織的資助下，受災者承擔了自我復原的重要工作。關於韌性社區的核心問題在於探討災後重建的是真正且完全「復原」，或僅屬假性或局部「復原」的社區？此外，面對未來的可能災害是否已具備維持最低運轉能力的防備能力（李宗勳，2013）？在專家學者座談會時，與會者曾強調社區自主能力的重要性：

〔日本〕他們有很多的消防團，消防團就是所謂的義消，那義消就有所謂的共助，共助就來自於義消。那在自己家中的自己救的稱之為自助。那自助到某個程度，我們在同個社區就需要共助，共助的話我們就有消防團，自己社區先處理比較小型的火災，雖然可能沒辦法處理大型火災，但起碼先抑制火源。（專家學者座談會A-7）

在日本災害防救已漸逐漸在推廣自助、共助與公助的觀念，而根據另一位學者對於台灣現況的觀察，其指出：

真的發生災害的時候連社區、一些企業，都還沒有一套系統去建立起來。就是發生重大災害的時候要怎麼去協防，社區要怎麼做、然後企業要怎麼協力，民間的組織要怎麼樣投入進來，這整套東西〔在台灣〕其實現在看起來好像還是沒有那麼明顯。政府要知道需要那些企業、那些民間團體、甚至需要這些社區做什麼。其實在災害資源盤點上這個部分早就應該要有。過去這個地方可能發生過哪些重大的災變，這些災變有多少協力的資源可以進來，這一套東西要建立起來。（受訪者B-3）

然而，從本個案的主要災區里長的訪談中，可發現關於韌性的觀點確實慢慢感染到台南市的社區，並且指出社區的領導人或意見領袖扮演重要角色，猶如Zolli和Hedy（2012）所指的轉譯型領導者（translational leader）之角色：

韌性社區基本上社區的里長或是理事長要了解到社區是什麼狀況，例如地理環境、或是過去經常受到的災難，比如說我們○○里容易淹水，那三年前維冠金龍大樓的震災也是。這個都已經經過，而一個韌性社區對於這種災變的發生，可以直接的及適時的去面對。因為這種概念，我們平常做演練，所以讓民眾、讓我們志工團隊有一個基礎上的概念，而且透過不斷學習來成長。（受訪者D-4）

　　若從心理學家Maslow的需求層次理論來剖析政府與民間力量如何在災害治理上各司其職時，在災害發生的時候政府實施緊急避難、配給必要資源，災後整建房子、輔導就業等安身工作，都是屬於生理及安全兩種基本層次，是政府無從卸責的。但是從社會需求 到自我實現需求，屬於中長期重建階段，政府無法在短期之內施給，在地社區的文化、發展方向、居民的學習等都是從心理需求層面的投入（陳慈忻，2013，瀏覽於2019/7/2）。從高雄美濃（台南）地震個案來看，確實可以察覺到學習建構韌性社區的契機。

二、本個案之協力災害韌性系統運作要素及建構

　　如同第四章的文獻所指，協力災害韌性系統需具有幾個要素，包含社區產業與經濟發展、信任與社會資本、溝通與訊息流通，以及社區自我組織與能力（Norris, et al, 2008; Tierney, 2014），下文亦從這幾個面向來分析受訪者對高雄美濃（台南）地震個案的看法，茲分述如下：

（一）社區產業與經濟發展

　　與高雄氣爆大規模的災區不同，本個案的主要災區在維冠金龍大樓，因此對於社區產業與經濟發展的衝擊不若高雄氣爆。除了倒塌或傾斜的建築物之損失外，主要經濟損失在於農業及畜牧業，前者農損超過8,000萬，而其中7,000多萬農會建物設備受損。畜牧業損失超過1億2,000多萬，其中1億1,800多萬損失也是在於畜禽（堆肥）舍倒塌及設施受損（台南市政府災害防救辦公室，2017：75）。然而，回到以社區為範疇來看的話，受訪的里長針對韌性社區建構的產業與經濟發展很有概念的指出：

　　〔社區生活產業〕是會有受到影響，但有一些里長缺乏概念，你這個社區的賣點在哪裡，你社區給人家值得討論的文化背景在哪裡？你社區的人文價值在哪裡，里長不知道其實社區還有一種人文價值的提升。概念上像崑山里就有鯽魚潭，那鯽魚潭是以前我

們詩人所稱頌的台灣八大美景之一，光想像就很漂亮，所以說社
區的人文價值要提升出來。（受訪者D-4）

此外，Geis（2000）認為社區必須藉由協力的過程，將重要設施設計
成重要的角色，像是在極端事件或任何災害發生時、發生後能有彼此之連
結。然而，有些時候這些設施的建設並非僅有資金問題，還有其他根本性
的問題或困難需要進一步排除。例如在本個案主要災區的里長指出：

還有一個問題是公家資金到位但是廠商就是不要來標（工程）。
像引流的那個溝渠不夠，所以我們就申請在○○街○○巷那個
地方蓋一個引水箱涵，但是錢到位包商也不來招標，很傷腦筋。
（受訪者D-4）

綜合來看，本個案的挑戰不在於McCreight（2010）所提到韌性架構
中，經濟和商業性服務與生產力的恢復，而是可以更長期的來思考融入社
區人文價值的整體產業發展，或將更有助於整體社區經濟發展與茁壯。

（二）信任與社會資本

從社區協力災害韌性系統建構的信任與社會資本來看，本個案中特別
著重為個人提供實際幫助，以及社交互動之可用關係網絡，例如心理健康
的支持、減低壓力與負擔以及訊息的獲得。受訪者特別強調：

後面人被壓扁了，家屬很難過，我們去做頭七法會。這次我們感
覺應該非常圓滿，所以如何去在一個大型災難後，人的關懷和讓
家屬安心，是很重要的。（受訪者D-1）

因地制宜的災害治理，才可能獲得在地民眾或團體的認同，也才
可能吸引在地民眾（團體）的參與。除此之外，如何吸納在地的
學術單位參與災害治理的研究和實作，則可強化地方災害治理的
深度與廣度。（專家學者座談會C-1）

像維冠倒了之後就有一些交響樂團還有一些歌手歌星，還有宗教的儀式收驚還是大型法會，都是有助於民眾心態上的一種因應跟壓力解脫，幫他們找出一個點、一個出口點。我常常辦活動，跟里民說如果你想不開你要來跟我說，有心理醫師來上課的時候也可以順便問。所以說心理層面、壓力層面說起來很細膩很專業，但如果找到一個出口，找一個角度就可以走得出來。當然有的時候時間也可以做一個很好的治療師。（受訪者D-4）

　　簡而言之，社會資本乃透過社會關係取得的資本。而形成社會資本是哪些表現出「值得信任」（trustworthiness）並互相實際信任的持續性人際關係，只有雙向「互惠」的關係網絡，才能增進集體福祉並將可能最大化其功用（Norris, et al, 2008: 137-140；顧忠華，1999）。從本個案來看，主要災區也屬於台灣比較傳統的社區，而非都市化或商業化程度較高的社區；換言之，彼此的人際互動、關係與鏈結程度應該較高，若再加上政府的協助、社區領導人對韌性系統的轉譯角色（Zolli and Healy, 2012），則能夠期待順利建構有效社區韌性系統。

（三）溝通與訊息流通

　　本次地震個案發生於農曆小年夜前的凌晨，在地震剛發生時由於資訊的缺乏以及傳遞管道與時間等因素，導致應變初期時有點混亂，台南市政府災害防救辦公室的受訪者即指出：

台南市政府在這次的各局處橫向間的聯繫，剛開始有點亂，因為沒有經驗，比如說前進指揮所，比較陽春。因為無法做事前的沙盤推演，所以這邊開應變中心，這邊開前進指揮所。有些好位置是先被其他〔民間〕組織或單位占據。他們看到一個地方後，就劃地把這個地區框起來使用，可是這個位置照理說要給第一現場的特搜人員機器擺放的地方，因為事前沒有規劃，時間也太倉促，又是在晚上，所以在周邊就沒有統一的規劃，變得有點亂。

（受訪者D-1）

當初台南某民間救難團體讓我們最反感的就是，你如果不舒服你就走，去跟指揮官報備整隊走就好，你去跟大樓敬禮這是多大的一個諷刺或反諷。這是一個很不敬的舉動，我們都還在裡面，你敬禮是什麼意思？（受訪者B-8）

幸運的是，經過一些互動和磨合之後，公私協力的救災與應變過程，在溝通與訊息流通逐漸步上軌道，台南市政府災害防救辦公室的受訪者進一步指出：

這次非常好的現象就是的搜救過程中，特搜人員與土木機師專業技術人員的合作。因為大樓倒塌的太嚴重，所以市長委託台南市土木技師公會的理事長，我們去做開挖的過程中，前面就要有一個特搜人員以及土木專業的技術人員。特搜人員鑽進去以後，看到有生命跡象但不知道怎麼救出來的時候，土木專業技術人員就跟他說要怎麼鑽比較快。另外在應變告示網，公布罹難者的資訊並讓家屬回應等等，透過資訊公開都能讓家屬安心。（受訪者D-1）

主要災區的里長在受訪時也提到一個例子：

有一些是在面臨災難去解決、去面對才學得到。像〔本個案〕大過年的大家手機，哇～沒電了要去哪裡充？沒地方充又這麼多人要去哪裡充？遠傳就來找我里長，問你這邊有沒有需要行動電源？我跟他說全部各式各樣的行動電源，你只要牽電線讓我們充電就好。遠傳之後中華電信也來，他們說遠傳不夠的機型行動電源我都有，我就透過廣播跟救災人員說，你們的行動電源都可以拿來換，讓你們充電跟家裡的人聯絡、跟人家拜個年，所以有一些是我們演練當中想不到的啊！（受訪者D-4）

從長期來看，當問到如何把社區韌性系統做好的關鍵之處時，受訪者

也強調了建置資源基本資料以及整合的重要性：

> 政府在平時要建置這些基本資料，要建構救災資源的整合，透過
> 整合以後，給企業一個觀念說萬一有大的災害來時，如何去動員
> 協助。例如，這次的過程中，我們漏掉照明設備，因爲在晚上加
> 上停電，照明設備嚴重不足。在重大事件當中，大概有兩件關鍵
> 事情：人的整合，事〔資源〕的整合。（受訪者D-1）

綜合來說，如同前面學者也提到的，協力災害治理時的資源盤點有其重要性，若再透過有效的溝通與資源分享，以及對社區的理解與敘事來凝聚社區民眾並提高參與，對於社區韌性系統建構都是有所助益的。

（四）社區自我組織與能力

在本個案的訪談過程中，可以發現到不論是台南市政府災害防救辦公室或社區里長對於韌性社區的概念有基本的理解，並且對於提升社區民眾的參與和能力，以及對凝聚社區的共同意識皆投入努力。台南市災防辦的受訪者提到在社區自我組織過程中，區公所的角色以及社區參與的意願非常關鍵：

> 公部門在作韌性社區的推動都會依照計畫，因爲有時候政府有多
> 少的經費就去做多少的事情。明年（109）年韌性社區補助四個
> 社區，我們也是先跟區公所聯繫，請他們去推薦。第一個先問里
> 長有沒有意願？如果沒有意願的時候，到時候里長兩手一攤你怎
> 麼辦？你也沒有辦法。那就需要退而求其次，最佳的社區就沒辦
> 法。第二個討論到韌性社區的背景，這個社區是屬於水災的部
> 分，或是說這個社區是屬於地震的。像安南區那時候下豪雨，變
> 成他們社區裡面就淹水，我們第一個都是希望社區的民眾能夠自
> 發性來參與。最後怎麼樣去做的更好，包括兵棋推演、社區探勘
> 等，帶領他們來認識社區。所以說韌性社區要推展成功，其實政
> 府只是一個推手而已，最重要的還要回饋回來社區，讓社區自動

自發，那自動自發靠的是里長。（受訪者D-3）

受訪者的里長也指出：

社區的里長還是理事長要有那種心，而且要充分了解里裡面的環境跟生活模式，還有要有一種說服力吧！就要邀約一群人，像現在我們志工加起來近百人要來維護社區的環境、協助社區的治安。當淹水的時候每一個志工要怎麼辦？要如何來配合協力團隊？要如何來跟民間公司合作？像我們是跟科大合作，淹水過了之後學生要如何來幫忙打掃環境，來幫忙整理。那整個串連起來很大很廣，基本上要有心啦！要了解社區的地理環境跟知道要如何來建構。（受訪者D-3）

換言之，這個角度的分析也再次突顯韌性系統中「轉譯領導者」角色與功能，例如社區的里長或發展協會的理事長可以把各種相異的網絡、觀點、知識系統等融會整理成和諧的整體，並在韌性系統建構過程中促進調適治理（adaptive governance），亦即集合正式制度與非正式網絡以促進回應危機的能力（Zolli and Healy, 2012: 15）。本個案中包含台南市政府災害防救辦公室受訪之官員，以及受訪的主要災區里長，皆讓筆者有感受到他們正在扮演著這種重要的角色。

第四節　高雄美濃（台南）地震協力災害治理之網絡管理策略與成效

同樣基於圖5-2的研究架構及本個案量化資料蒐集過程，本節在循證（evidence-based）基礎下，也進一步藉由統計分析本個案網絡管理策略與成效之間的關係。下表6-3呈現了主要變項的描述統計及驗證式因素分析（CFA）結果。

基於兩個刪題標準，分別是：1.本個案因素分析時共同性萃取值；以

及2.第五章高雄氣爆個案因素分析的結果一起來做比較。表6-3的變項在因素分析之後所呈現的測量題目與原始設計構面的量表略有不同，但與第五章主要變項的各測量題組是一致的。此外，表6-3的8個主要變項解釋變異量全部達60%以上，最低的為自變項之「活化」，為65.4%左右，最高的則為「課責」，達到75.65。此外，各主要變項的KMO值均大於0.6以上並達顯著水準，而其中有3個是大於0.8，最高的為自變項「綜效化」達0.908。最後，信度分析除了自變項的「資訊分享」為0.774在可接受的範圍的結果之外，其餘變項都達良好的0.8以上。

　　表6-4、表6-5及表6-6呈現高雄美濃（台南）地震個案中主要變數之間的線性迴歸分析結果，其中表6-4呈現信任對於網絡管理策略及協力成效的調節效果，表6-5呈現資訊分享對於網絡管理策略及協力成效的調節效果，而表6-6呈現課責對於網絡管理策略及協力成效之調節效果。三個表格之迴歸分析有幾個重要的發現：首先如同第五章之迴歸分析中，每個表格皆有三個模型，第一個模型分析協力治理要素對協力內容產出之效果，而第二個模型分析四個網絡管理策略對協力內容產出的影響，第三個模型則是完整模型（Full Model），分析協力治理要素對網絡管理策略與協力內容產出的調節效果。三個迴歸分析表格的調整後R²在完整模型（Model 3）中同樣都有所增加，與高雄氣爆案例相同的，也是以「信任」對協力內容產出的調整後R²增加幅度較高，達到0.575。其次，比較三個迴歸表格的Model，三個協力災害治理要素，分別是信任、資訊分享與課責，對協力內容產出皆有正向顯著的影響，其中則以「資訊分享」的係數最高，達到0.690。第三，從網絡管理策略來看的話，四個策略中「動員」對協力內容產出皆達到顯著正向的影響，係數達到0.522。若以$p < 0.1$來看的話，則架構化也達顯著正相關，其係數為0.214。最後，在不同的要素調節效果中，可發現在高雄美濃（台南）地震個案幾乎皆不具有顯著水準，僅有「綜效化與資訊分享」轉變為負向且顯著的調節效果。

表6-3　高雄美濃（台南）個案描述統計及因素分析

變項	測量問題	尺度	平均數	標準差	解釋變異量	共同性萃取	KMO	Cronbach's α
內容產出（DV）	• 不同的參與者之間發展出創新的想法。	1-5	3.72	.782		0.699		
	• 不同參與者之間的功能能被充分連結。	1-5	3.71	.811	71.12%	0.686	.767***	.863
	• 被發展出來的方案真正解決了手邊的問題。	1-5	3.89	.742		0.780		
	• 被發展出來的解決方案能夠持續下去。	1-5	3.84	.729		0.680		
活化（IV1）	• 可充分確認資源（設備、用品、費用、人力等）。	1-5	3.92	.842		0.650		
	• 可清楚確認本次個案中的利害相關人（如家屬、媒體、民代等）。	1-5	3.96	.788	65.40%	0.650	.774***	.822
	• 對所有參與的成員皆一視同仁。	1-5	4.21	.706		0.612		
	• 可以把參與成員所討論出的建議實際應用出來。	1-5	3.84	.793		0.704		
架構化（IV2）	• 與所有參與者建立災害防救的共同願景。	1-5	4.11	.758		0.617		
	• 確認其他參與者都了解各自在應變與復原的角色。	1-5	3.98	.730	68.55%	0.669	.848***	.885
	• 能立即掌握有效的災情資訊。	1-5	4.15	.833		0.699		
	• 能明確設定本個案應變和復原的績效指標。	1-5	3.94	.832		0.759		
	• 可以取得市政府高層主管的充分支持。	1-5	4.19	.750		0.684		

表6-3 高雄美濃（台南）個案描述統計及因素分析（續）

變項	測量問題	尺度	平均數	標準差	解釋變異量	共同性萃取	KMO	Cronbach's α
動員 （IV3）	• 保持市府在本個案合作上有較高、較好自主權。	1-5	4.06	.709	67.75%	0.556	.874***	.903
	• 鼓勵來自縣市政府外部利害相關人的支持。	1-5	4.02	.801		0.652		
	• 與縣市政府外部利害相關人保持良好關係。	1-5	4.03	.834		0.745		
	• 會激發所有參與與應變與復原機關或團體之熱情。	1-5	4.04	.796		0.791		
	• 能建立成員對於共同使命的承諾。	1-5	4.13	.750		0.726		
	• 會公布所有參與者共同的目標和成就。	1-5	3.87	.852		0.595		
綜效化 （IV4）	• 能創造所有參與成員間的信任。	1-5	4.02	.756	73.95%	0.767	.908***	.929
	• 可以和所有參與者維持緊密聯繫的合作關係。	1-5	4.01	.765		0.738		
	• 使所有參與成員了解他們被期待的角色是什麼。	1-5	3.92	.765		0.736		
	• 能夠規劃欲完成之工作事項。	1-5	4.07	.708		0.728		
	• 會協調所有參與者的相關工作。	1-5	4.05	.733		0.736		
	• 會維持工作快速的步調。	1-5	4.14	.702		0.732		

表6-3 高雄美濃（台南）個案描述統計及因素分析（續）

變項	測量問題	尺度	平均數	標準差	解釋變異量	共同性萃取	KMO	Cronbach's α
信任 （MO1）	• 其他機關的參與者是值得信賴的。	1-5	4.08	.646		0.724		
	• 我們相信其他參與者不會因粗心而讓我們工作變得更困難。	1-5	3.69	.821	73.51%	0.689	.701***	.812
	• 根據其他參與者過去的經驗，我們沒有理由懷疑他們在這工作上的能力。	1-5	3.90	.697		0.792		
	• 我們自願和其他同仁分享訣竅、資訊和知識。	1-5	4.15	.617		0.850		
資訊分享 （MO2）	• 我們可與內部同仁溝通合作，以共享資訊與知識。	1-5	4.22	.629	73.54%	0.837	.629***	.774
	• 我們可以自由的汲取機關中其他單位的文件、資訊與知識。	1-5	3.59	.924		0.519		
	• 與其他合作夥伴有進行外部「審計」（查帳）。	1-5	2.85	1.062		0.807		
課責 （MO3）	• 與其他團體合作夥伴關係有正式對外課責機制。	1-5	2.95	1.114	75.65%	0.850	.662***	.839
	• 我們與合作夥伴需向其他機構提交正式報告。	1-5	3.31	1.001		0.612		

備註：(1)Extraction Method: Principal Component Analysis. (2)*** $p < 0.001$.

資料來源：本研究彙整。

表6-4　高雄美濃（台南）地震個案中以「信任」為調節變項之迴歸分析結果

自變項	協力之內容產出					
	Model 1		Model 2		Model 3	
	B	(S.E.)	B	(S.E.)	B	(S.E.)
協力要素						
信任	.635***	(.076)			.306***	(.079)
網絡管理策略						
活　化			.214†	(.114)	.142	(.112)
架構化			.168	(.132)	.129	(.126)
動　員			.312*	(.133)	.207	(.130)
綜效化			.158	(.138)	.173	(.134)
調節效果						
活　化×信任					.115	(.128)
架構化×信任					.058	(.183)
動　員×信任					.008	(.150)
綜效化×信任					-.165	(.161)
控制變項						
平均受教育年數	.089	(.068)	.020	(.060)	.057	(.058)
現職平均年資	.061	(.059)	-.054	(.054)	-.033	(.052)
常　數	-1.657	(1.159)	-.144	(1.031)	-.842	(1.000)
統計量	N=118 $F_{(3,114)}=23.865$ $p<0.001$ $R^2=.386$ Adjusted $R^2=.370$		N=118 $F_{(6,111)}=21.828$ $p<0.001$ $R^2=.541$ Adjusted $R^2=.516$		N=118 $F_{(11,106)}=15.364$ $p<0.001$ $R^2=.615$ Adjusted $R^2=.575$	

備註：***$p<0.001$；**$p<0.01$；*$p<0.05$；†$p<0.10$.

資料來源：本研究彙整。

表6-5　高雄美濃（台南）地震個案中以「資訊分享」為調節變項之迴歸分析結果

自變項	協力之內容產出					
	Model 1		Model 2		Model 3	
	B	(S.E.)	B	(S.E.)	B	(S.E.)
協力要素						
資訊分享	.690***	(.073)			.234*	(.106)
網絡管理策略						
活化			.214†	(.114)	.148	(.120)
架構化			.168	(.132)	.168	(.132)
動員			.312*	(.133)	.232†	(.131)
綜效化			.158	(.138)	.083	(.138)
調節效果						
活化×資訊分享					.204	(.127)
架構化×資訊分享					-.027	(.123)
動員×資訊分享					.116	(.164)
綜效化×資訊分享					-.298†	(.168)
控制變項						
平均受教育年數	.026	(.065)	.020	(.060)	.034	(.059)
現職平均年資	.007	(.057)	-.054	(.054)	-.059	(.052)
常　　數	-.469	(1.107)	-.144	(1.031)	-.387	(1.015)
統計量	N=118 $F_{(3,114)}$=29.915 $p<0.001$ R^2=.440 Adjusted R^2=.426		N=118 $F_{(6,111)}$=21.828 $p<0.001$ R^2=.541 Adjusted R^2=.516		N=118 $F_{(11,106)}$=14.123 $p<0.001$ R^2=.594 Adjusted R^2=.552	

備註：*** $p<0.001$；** $p<0.01$；* $p<0.05$；† $p<0.10$.

資料來源：本研究彙整。

表6-6　高雄美濃（台南）地震個案中以「課責」為調節變項之迴歸分析結果

自變項	協力之內容產出					
	Model 1		Model 2		Model 3	
	B	(S.E.)	B	(S.E.)	B	(S.E.)
協力要素						
資訊分享	.411***	(.092)			.183*	(.077)
網絡管理策略						
活　化			.214†	(.114)	.238*	(.116)
架構化			.168	(.132)	.216	(.133)
動　員			.312*	(.133)	.267†	(.134)
綜效化			.158	(.138)	.074	(.144)
調節效果						
活　化×資訊分享					.025	(.117)
架構化×資訊分享					-.061	(.165)
動　員×資訊分享					-.060	(.167)
綜效化×資訊分享					-.019	(.158)
控制變項						
平均受教育年數	.023	(.080)	.020	(.060)	.001	(.062)
現職平均年資	.026	(.070)	-.054	(.054)	-.055	(.054)
常　數	-.465	(1.365)	-.144	(1.031)	.225	(1.071)
統計量	N=118 $F_{(3,114)}=6.994$ $p<0.01$ $R^2=.155$ Adjusted $R^2=.133$		N=118 $F_{(6,111)}=21.828$ $p<0.001$ $R^2=.541$ Adjusted $R^2=.516$		N=118 $F_{(11,106)}=12.848$ $p<0.001$ $R^2=.571$ Adjusted $R^2=.527$	

備註：****$p<0.001$；**$p<0.01$；*$p<0.05$；†$p<0.10$.

資料來源：本研究彙整。

第五節　高雄氣爆與美濃（台南）地震個案之比較與理論上之意涵

一、兩個個案之比較分析

　　個案研究旨在真實生活系絡中了解現象，而不同的個案研究可提供比較的基礎（comparative basis），以及形成對比（informative contrast）（Luton, 2010: 123, 127）。換言之，比較個案研究其所欲達成的目的在於同中求異，或異中求同。本書兩個個案的背景均為台灣的直轄市，其中高雄市是在2010年原直轄市高雄市合併原高雄縣之後成為目前的高雄市政府，而原來的省轄市台南市則是於同年合併原台南縣之後升格為直轄市的台南市。兩個個案主要的災區均在人口較為密集的區域，並且發生時皆是在凌晨時刻。從政治系絡來看，自1998年起至兩個個案發生的時間，不論台南市政府或高雄市政府均是同一政黨執政超過十五年。在兩個個案協力災害治理的比較分析來看，災害應變初期政府相關單位皆受到媒體或大眾較多處理不夠好的批評，然而在應變後期及復原階段卻都受到該市民眾的好評。從本書的兩個主要議題切入，更可了解到兩個個案在協力災害治理的異同之處。

（一）協力災害治理與社區韌性系統建構

　　協力災害治理涉及到多元的參與者，在兩個案例也可以發現到第一時間不論是企業、政府其他相關單位、民間救難團體、民間福利團體、志工、社區民眾、甚至警察與消防等執法機關都扮演非常重要的角色。兩個個案在應變初期所受到的批評，主要也在於多元參與者的溝通協調、整合以及資訊傳遞上不夠順暢。事實上這也是國內外災害現場多會發生與看到的事情，誠如近年筆者在移地研究時也曾有受訪者提到：我們都有很多防災或救災計畫，但很多時候真實災害的劇情不會按照計畫流程走。然而從二個個案的分析來看，若平常協力防災訓練、演習或兵棋推演夠札實的

話，這種磨合時期將會縮短很多。

　　其次，就筆者分析與觀察兩個個案在社區災害韌性系統建構上較爲不同之處，可謂是社區轉譯領導者的角色以及社區能力的培養，在台南市更可體現到台南市政府災防辦以及主要災區當地里長在這一區塊的重視。筆者近年在研究的過程中，只要提及高雄美濃（台南）地震的個案，許多學者專家多會認同台南市政府災防辦非常重視自主防災社區、韌性社區等建構，而災防辦的官員對於相關研究議題也多展現高度興趣以及支持的態度。另一方面，當筆者前往當地里長所開的店裡訪談時，印象非常深刻的是里長經營傳統店舖，可是第一個議題就分享他對韌性社區的看法。後來里長也補充由於市政府辦了很多訓練跟講習，他覺得這個議題滿重要的，所以就參與很多，自然就學了不少。此外，里長也談到該里過去經常淹水，所以里民們也有共同的受災經驗，也較容易凝聚共識即擴大參與。相較於筆者在高雄訪問到的情況，里長們提到即便經過氣爆這麼大的災害，在里民恢復過去日常生活後，似乎也沒有把此種共同受災的經驗轉化爲建構社區韌性系統的最佳動力。

（二）協力要素、網絡管理策略與運作成效

　　從量化的分析結果來看，可發現協力災害治理的三個主要要素對於不論是高雄氣爆或是高雄美濃（台南）地震的個案在協力內容產出皆有重要影響。換言之，信任、資訊分享，以及課責有助於解決災害應變與復原時的問題。從實際的災害應變過程來看，或許太過於強調課責，反而會讓救災人員綁手綁腳，徒增溝通協調時的交易成本。也難怪在近幾年訪談過程中，許多民間救難團體受訪者多會強調：「搶救人命優先！」

二、兩個個案分析在理論上之意涵

高雄氣爆與高雄美濃（台南）地震兩個個案無論在質性資料或量化資料的分析上，皆對目前的理論具有啓發。首先，兩個個案在災害應變與復原過程皆突顯了協力災害治理的本質，亦即多元的行動者與網絡互動的結構；然而，如同受訪者所觀察的，過去二十年台灣的協力災害治理過程中，政府與民間社會的角色不斷在調整[1]。換言之，如同Kapucu、Arslan和Demiroz（2010）等三人所言，政府需要有卓越的評估能力及適應能力，並能利用靈活的決策制定，才能增加應變與復原時的協調和信任。於此同時，台灣許多社會／非營利組織在協力災害治理過程中所扮演的就是組織者、資源整合者，以及支持者的角色。在社區韌性系統建構過程中，本研究有關注到社會／非營利組織扮演資訊傳播者、輔導與教育者或倡導者的角色與功能較不突出。或許也反映了目前台灣韌性社區建構主要係由中央政府由上而下的推動，容易變成業務委託給社會／非營利組織，進而落入林淑馨（2018）研究中所指稱的，由於動機、委託的協力型態，及組織類型與業務性質等因素而造成的協力神話之崩壞。

進一步而言，儘管二十年來公部門、私部門與民間部門在協力災害治理角色與功能上已有所轉變，不過若要形塑「社區災害韌性系統」之協力災害治理共同目標，這些多元行動者的關係結構與互動策略必須更進一步的調整與轉型成為2.0之版本，亦即如同Lindell等人（2007）所呼籲的，協力災害治理過程中，不同的行動者需要知道他們在什麼時間需要做什麼事（who should do what at when?），而Lindell等人也強調為達此理想，關於災害管理專業訓練是相當重要的。從本書的學理以及個案分析來看，協力災害治理的幾個要素對運作成效發揮關鍵作用，包括信任、資訊分享以及課責，與過去文獻亦能夠相呼應（Kapucu, Arslan, and Demiroz, 2010; Kuo, Wang, Chang, and Li, 2015）。此外，網絡管理策略對於協力運作成效亦

---

[1] 「在過去二十年的風災，政府跟民間社會關係有改變，現在民間有涉入，那政府相對來講可能就有降低他的角色。但是政府怎麼去讓哪些的救難組織是能夠幫到正確的位置上，應該是要有一個類似評估的機制在。」（受訪者B-3）

確實能夠發揮不同的作用（Klinj, Steijn, Edelenbos, 2010; Steijn, Klijn, and Edelenbos, 2011; Wang and Kuo, 2017）。

　　值得注意是，前述的文獻多將網絡運作要素，及網絡管理策略對協力成效之影響分開來分析討論；然而由於實際的網絡運作中，關於網絡運作要素與互動策略應該是會有交互作用，因此本研究也進一步分析過去文獻較少探討的三個協力網絡運作要素，對於網絡管理策略是否有調節效果。有點出乎意料之外的是具有調節效果的變項不多之外，有些具有調節效果的反而呈現顯著負相關。本研究認為，此和協力災害治理的特性有關係，在相關網絡中或許有不少行動者已經基於長期的互動而累積高度信任、願意分享資訊等；然而亦必須關注到在不同的個案網絡中，也有不少第一次參與的行動者（例如跨縣市前來協助救援的），若在互動策略上過於強調要有信任基礎或資訊分享等，可能容易導致反效果（例如高雄氣爆個案中，民間企業主動說要免費提供油漆來協助民眾，第一時間里長還有點不敢答應）。此外，課責要素之調節效果有些時候呈現負相關（雖未達顯著水準），這也點出了災害管理應同時包含（甚至是融合）官僚規範及緊急規範之困難處（Schneider, 2011）。

第七章

結論：協力災害治理的回顧與前瞻

第一節　重點回顧與總結

　　面對災害挑戰增加的同時，災害防救管理的政策推展以及相關技術研發，已是各國政府不容忽視的課題。天然災害帶來的巨大挑戰，使得政府已責無旁貸必須投入各種災後治理工作，但正因爲受災範圍與程度已超越過往，這也造成政府的災難管理亟需調整策略。也就是說，過去台灣針對災害防救體系的思考，均偏重於政府的角色與職責，然而在近年也更加重視公私部門在災害前後都應負起重要責任，此也是近來許多政府皆強調從「自助」、「共助」（社區互助）、「公助」的演進概念。另一方面，就經驗上來看，台灣的協力災害治理已逐漸成爲東亞其他國家或地區學習的對象。在執行過去計畫的過程中，作者曾赴日本東京明治大學、京都大學，及大陸四川大學等地進行移地研究。其中在京都大學進行訪談時，印象非常深刻的是剛坐下來，受訪的教授即提到：「你們台灣在災害治理上做得非常不錯，不像我們311大地震的經驗一團混亂，我們日本要向你們台灣多學習。」在中國大陸四川省進行汶川地震以及蘆山地震協力災害治理相關研究時，亦曾多次聽聞學者專家欲向台灣多學習如何透過民間團體的力量，共同來落實災害防救工作。

　　本書剖析了協力災害治理的趨勢、運作時的幾個關鍵要素，以及協力目標的形成：社區災害韌性系統建構。行筆至此約略可知本書將概念界定爲「災害韌性系統建構」而非「系統韌性」之原因。二者有何差別呢？災害韌性系統強調一個「系統的建構」，而系統韌性則強調如何強化系統的韌性；換言之，後者將系統視爲已經存在的。然而，從筆者近幾年的研究、實地參訪或深度訪談來看，其實台灣整體的災害韌性系統還在逐漸形成的過程中，亦即協力災害治理應以建構更爲完善的韌性系統爲優先目標。

　　所謂的系統思考強調整體大於部分之和，任何一個系統都具有適應性、動態性、目的性，並可以自我組織、自我保護與演進。系統既有外在的整體性，也有一套內在的機制保持其整體性。系統會產生各種變化，對各種事件做出反應，對各種錯誤或不足進行修補、改善和調整，以實現其

目標，並蓬勃地生存與發展下去，儘管很多系統本身可能是由各種無生命的要素構成的。系統可以自我組織，並且常能藉由局部的瓦解自行修復；它們具有很強的適應性，很多系統還可以自我進化、演變，生成另外一些全新的系統（Meadows著，邱昭良譯，2016：45、137）。從這個角度來看，也可以了解到過去文獻以社區為基本單位來建構災害韌性系統的重要性，一方面社區內部可以透過互動增進了解、強化凝聚力；對外亦可與政府相關單位、民間團體、非營利組織或企業形成更大的系統。在協力災害韌性系統中，任何組織的角色、功能與定位都有其重要性，也將影響到整體系統運作的有效性。

從921大地震之後二十年來的協力災害治理可以發現，台灣的民間組織災害應變能量是非常強大，例如慈濟、紅十字會等，這些救災組織的網絡系統也遠比政府相關單位來的更靈活與更有彈性，猶如Zolli和Healy（2012）所強調韌性中變形蟲組織的概念與意義。然而，Schneider（2011）也提醒有效的災害管理應同時包含官僚規範及緊急規範。換言之，多元參與者依循不同的規範如何在災害韌性系統中可以有效運作，就涉及到協力網絡互動管理策略了。另一方面，透過本研究也期望台灣變形蟲式的協力災害治理並非是理盲的亂變，而是具有理性及邏輯思考的來運作，這種情況下也讓災害韌性系統建構，以及協力網絡互動管理策略的重要性再次被突顯出來。

第二節　研究建議

Medury（2011: 429）認為好的減災策略需考量整合公私協力夥伴關係，將利害關係人的承諾、結構或安排結合在一起，可確保或提供每個夥伴貢獻其獨特優勢之機會。透過本書的經驗研究，除了在理論上將協力災害治理與網絡策略管理的研究議程有效結合外，實務的意涵也表現在建立網絡運作規則、尋求利害關係人支持、明確設定應變和復原績效、創造信任與資訊分享、有效規劃工作事項並決定任務如何完成等關於架構化和綜

效化之作法，這些都有助於災害協力治理之成效，尤其是在有效解決問題的部分。協力治理、災害韌性系統，以及網絡管理策略的重要性已不在話下。從社區的角度來看，本研究則具體提出可行的幾點建議以作爲提升協力災害治理的方向：

一、擴大社區參與和強化社區共同防災承諾

儘管協力治理已廣受矚目，學者們也呼籲成功的協力治理是不容易實現的，這取決於創造審慎的氣氛、促進信任、共同承諾、相互問責，以及願意分擔風險。有效的公私協力運作系統第一步應是形塑「樂於參與」的環境。參與作爲實現發展目標，特別是城市發展的關鍵因素。公民參與城市事務愈多，城市發展計畫就愈成功。因此，弱勢社會群體將從公民參與的結果中受益（Khoshdel and Bakhshan, 2015）。Emerson等人（2012）則指出了協力治理中，共享動機的重要性，其認爲：共享動機爲自我強化的循環具體作法例如各方一起工作、相互了解，並相互證明他們是合理、可預測和可靠的。此外，累積信任使人們能夠超越自己的個人、制度和管轄權框架，以了解其他人的利益，需求，價值觀和約束，這也形成了共同動機的第二個元素─相互理解的基礎，進而發展至第三要素，亦即產生人際認證的感覺認知正當性。最後，非正式人際信任和互惠規範進一步加強了合作動機的正當性和有效性的依從性。

何以筆者第一點建議是從這邊出發？有兩個部分可以來做說明：首先，近年來筆者曾經參與中、小學家長會的服務工作。在本研究過程的專家學者座談會上，曾有學者分享從日本的經驗來看，其實家長會在災害防救的議題上可以有許多角色與功能的。然而，在個人參加家長會服務的這幾年當中，深感要擴大家長們的參與或強化承諾有其挑戰，在都會地區尤其如此。有時候捐款者可能較多，然而需要實際參與或人力幫忙的卻難以招募到足夠的志工；即便有，許多志工也是資深或退休的爺爺奶奶來幫忙，青壯人力確實有限。相較於2018年1月筆者曾經在紐約曼哈頓參加一個社區針對遊民（homeless）收容中心公共議題舉辦的公聽會，當日晚上

七點發現演講廳現場塞滿幾乎200到300人，且多數是青壯年紀的社區參與，再加上現場也有不少非營利組織／草根團體參加，對於現場的過程也留下非常深刻印象。其次，回到本研究實地拜訪的過程，可發現到本書個案中不論是在高雄市或台南市的社區里民，對於災害防救的參與仍是不足的，即便在發生重大災害後也尚未看到大幅度的變化產生。

有三個具體做法可供擴大參與及強化承諾作為參考：其一，知而後行。必須讓民眾了解到防災對他們自己的意義、對社區發展的重要性，以及必須具備哪些相關的知識或技能。第二，從本書的兩個個案的經驗研究與分析來看，可發現以行政轄區為社區的概念在台灣有些時候範圍過大，容易導致集體行動邏輯搭便車（free-rider）的情況產生。試想，都會區一個里可能都有數千甚至上萬個居民，如此大規模人數當然容易有集體行動邏輯上的挑戰出現。因此，從學理上來看，選擇性誘因（selective incentives）、團體規模縮小（例如在社區中再細分為許多防災的子系統）或互動品質提高。最後，從本研究亦可發現社區災害韌性系統建構過程中，轉譯領導者角色的重要性。既然社區的協力防災系統可區分為更多子系統，則轉譯領導者角色當然不僅能由里長來扮演，也就是說各個系統與子系統需要創造更多韌性系統的轉譯領導者角色出來。

二、提升社區災害防救能力，進而有效建構社區協力災害韌性系統

增強災害的抵禦能力被視為災害風險管理的最終目標，然而隨著災害的不確定性、類型的變化，災害風險治理政策也需要隨之調整；因此管理的轉型是必要的，而人員和組織也需要具備適應的能力（Djalante and Lassa, 2019）。近年來，消防署「災害防救深耕第三期計畫」以推動韌性社區為主要目標，並訂定出2018年為準備期，2019年至2020年為第一期韌性社區，2021年至2022年為第二期韌性社區，目標為補助建構全台各縣市完成推動126處韌性社區，其中六都及彰化縣、屏東縣每期推動以四個社區為主，這也是台南市政府災害防救辦公室官員在受訪時曾提到，他們藉

由區公所的推薦，來邀請過去績優且目前也有意願繼續持續做下去的社區一起參與。

提升社區協力災害防救能力有幾個面向要注意，包含社區在災害防救專業知識和技能的學習，具體的能力包括如社區的風險辨識、應變與組織能力、恢復能力，或適應能力等。另一方面，從災害治理的角度來看，社區與其他多元行動者協力能力也是愈來愈重要的部分。近年來有些文獻已逐漸觸及公共管理者如何培養協力治理能力（曾冠球，2011：5；林柏州、張鎧如，2015；張鎧如，2014），社區的協力能力培養在災害韌性系統建構與網絡互動管理策略上也屬同等重要，具體的例子如協力領導、創新及系統思考、網絡關係經營或是衝突管理等。

三、制度設計與改革：兼具官僚組織規範與緊急規範的彈性

管理與政策制定及改革都會受到理論及實務影響，學理上Schneider（2011）提醒有效的災害管理應同時包含官僚規範及緊急規範。此種規範當然涵蓋了正式法律、制度或非正式的規範，Manyena（2014）即指出，制度包含了特定的社會法律、文化和態度等型態，是在災害事件發生的前、中、後期關係人與環境間的重要系統。傳統制度是正式和非正式結構在建立社交網絡時的中心，在災害發生前後皆能夠提供穩定感。儘管傳統制度可能是社會凝聚的推動力，且有助於創造和保護社會資本的部分。傳統領導的合法性可能會在社區內有所分歧，特別是如果它們與現代正式的政府機構的制度發生衝突時候。此外，傳統信仰、價值觀和習俗可能與外部干預目標不相容，這些問題也是社區需要去應對的。

從實務上面來精進制度設計與改革的例子當然更多，例如經歷過幾次巨災之後，政府如何有效徵調或動員民間資源、政府或社區如何與民間企業簽訂開口契約或能夠有臨時避難所等，皆是近幾年來有效發展協力災害治理的具體做法。然而，在本書兩個個案中仍舊可以發現協力過程中仍可能有多元價值觀的衝突，例如在台南市維冠大樓的救災過程中是否要用大鋼牙來開挖，即有不同角度的思考。家屬擔心大鋼牙的破壞力可能讓受困

的親人陷入更大的險境；另一方面市府則認為大鋼牙可以加快搜救速度，在黃金時間內搶救更多人命。因此，在制度設計上能兼具官僚組織規範以及緊急規範的彈性，除了法令規章需在專業課責與搶救生命價值之間取得平衡之外，信任的建立與累積、有效的溝通協調以及資訊分享皆是相當重要的。例如協力行動者的災害防救資訊平台的建置，有助於資源互補及專業人力充分發揮，也可增加雙方互動頻率來提升多元溝通，讓多元行動者在救災或復原過程中能夠更加全心甚至義無反顧的投入，而不用擔心之後反而衍生更多的爭議出來。

第三節　研究限制與未來研究方向

　　每個研究皆有其主要的限制，本研究中亦包含下列幾項：首先，本書兩個個案發生時間與實際進行訪談或問卷調查時間多超過兩年。研究團隊當然無法在救災應變過程時，馬上就進行質性或量化資料的蒐集，以免平添救災或應變階段的困擾或負擔。然而，等到復原時期社區慢慢恢復穩定時，受訪者或問卷填答者難免會有回憶偏差或失準。為了克服此限制，研究團隊在問卷上面也設計個案背景知識相關題項，藉以篩選並排除對個案回憶未達研究設定之標準的回覆問卷。其次，文獻中「協力過程產出」在本研究上並未有進一步之分析，除了如同文獻上所指出協力過程評估確實不易之外，相關問卷量表在本土化過程中也還有一些需要克服的地方。最後，本次問卷調查的量化資料，有兩個部分也是分析上可能的限制。一來是本研究缺乏二級機關或單位的客觀資料（如預算情況、人力等），而有時候機關單位的稟賦亦可能在協力過程或互動策略上產生影響。其次，本研究探討「協力」的議題，雖然蒐集兩個個案公務員相關意見的資料已經非常不容易了，然而未來或許亦可再進一步來蒐集參與兩個個案之民間團體看法，並進一步來做政府機關單位與民間團體的比較分析，讓協力真正可以呈現更多元的面向與看法。

　　協力災害治理的研究與實務精進是一個長期而持續的累積過程，本

書的完成係筆者將近幾年階段性研究做了系統的整理，至於未來仍舊有許多可以繼續研究的方向。例如，上節提到協力災害治理的參與動機有其重要性，後續的研究亦可繼續深化探討參與動機、互動策略以及網絡運作成效之間的關係。此外，筆者過去幾年從事研究及參加國際會議的過程中，聆聽到來自美國雪城大學麥斯威爾公民與公共事務學院（Maxwell School of Citizenship and Public Affairs, Syracuse University）Bruce Dayton教授的報告，留下深刻印象。Dayton教授與研究夥伴自2004年起籌組「跨域危機管理團隊」（Transboundary Crisis Management Team），並訓練相關人員開始蒐集跨域危機管理之案例。至2009年該研究團隊從不同的學理面向編寫了100多個案件，涉及從恐怖主義事件、跨國衛生大流行、經濟危機的各種跨界危機或災害案例，並陸續發表為專書、學術期刊文章等。筆者認為，此種結合理論與個案以及不同領域團隊的合作，對危機與災害治理非常具有意義，而東亞地區由於地理位置接近，許多災害的態樣相當接近，例如颱風、地震、土石流等。若這些重要災害案例能夠蒐集起來，透過制度韌性、協力災害治理的運作與成效之主要構面，輔以相關政治、經濟、社會系絡等面向的分析、編碼甚至建置資料庫，不論在學理研究議程的推進上，抑或未來實務管理與決策上，都將會有莫大助益的。筆者在2018年及2019年於美國公共行政學會（American Society for Public Administration, ASPA）年會中籌組「東亞協力災害治理」的場次，並邀請匹茲堡大學的Louise Comfort教授擔任主持人及與談人，由台灣（含筆者）、日本、中國大陸及韓國的學者發表研究論文。期待藉由這些持續的努力，有機會實踐東亞協力災害治理個案資料庫之建置與分析，以利東亞災害治理的區域協力合作。

參考書目

一、中文

Babbie, E.著，林秀雲譯（2016）。社會科學研究方法（第14版）。台北：雙葉書廊。

ETtoday新聞雲（2014）。陳菊公開道歉：管線問題內部橫向聯繫疏失，8月7日。網址：https://www.ettoday.net/news/20140807/387033.htm，瀏覽於2019/5/17。

ETtoday新聞雲（2016）。搜救屢遭阻擋？中華搜救總隊決撤離嘆「像打零工」，2月11日。網址：https://www.ettoday.net/news/20160211/646540.htm，瀏覽於2019/3/20。

ETtaday新聞雲（2016）。中華搜救總隊救災受阻撓？ 林金宏：他們未登錄也沒訓練，2月16日。網址：https://www.ettoday.net/news/20160216/648064.htm，瀏覽於2019/5/26。

Meadows, D. H.著，邱昭良譯（2016）。系統思考。台北：經濟新潮社。

Richards, T.、A. Vida、T. Gorman著，劉慧清、江郁清譯（2003）。關係是一種策略性資產：RAM關係資產管理的12個法則。台北：臉譜文化。

TVBS News（2015）。救災拆水門鬧雙包 雙北都說：我下令的，2月5日。網址：https://news.tvbs.com.tw/politics/566081。瀏覽於2019/3/20。

中央災害應變中心（2014）。0731高雄氣爆。網址：https:///www.emic.gov.tw/cht/index.php?code=list&ids=9&detail=45，瀏覽於2019/5/16。

中央通訊社（2014）。高雄氣爆 國軍營區供災民收容。網址：https://www.taiwan-news.com.tw/ch/news/2540085。2014/8/1，瀏覽於2019/5/16。

內政部消防署（2014）。高雄氣爆中央災害應變中心工作會議紀錄。網址：http://www.nfa.gov.tw/pro/index.php?code=list&flag=detail&ids=113&article_id=165&site_id=2。2014/8，瀏覽於2015/8/25。

內政部消防署（2016）。0206震災中央災害應變中心總結報告。網址：https://www.nfa.gov.tw/cht/index.php?code=list&flag=detail&ids=77&article_id=3076。2016/7，瀏覽於2019/5/25。

內閣府（日本）（2015）。日本的災害對策。東京：內閣府。

王多芳（2009）。非政府組織與政府的合作機制：公共危機的應對之道。北京：中

國社會出版社。

王長鼎（2014）。高雄氣爆 影響範圍近3平方公里。聯合新聞網，網址：https://video.udn.com/news/170393。2014/8/1，瀏覽於2019/5/15。

王俊元（2006）。全球治理與危機管理之研究——以嚴重急性呼吸道症候群（SARS）防治個案為例，空大行政學報，第17期，頁53-83。

王俊元、詹中原（2010）。全球危機管理中減災合作的契機與挑戰：印度洋海嘯預警系統經驗之分析。遠景基金會季刊，第11卷第3期，頁1-58。

王俊元（2016）。提升地方政府災害防救能力：從協力治理析探有效治水之策略。張四明主編，極端氣候下台灣災害治理，頁211-245。台北市：財團法人二十一世紀基金會。

丘昌泰（2000）。災難管理學：地震篇。台北：元照出版社。

台南市政府災害防救辦公室（2017）。0206美濃地震災害事件處置作為全紀錄。台南：台南市政府災害防救辦公室。

台南市政府災害應變告示網（2016）。0206震災協助救災民力團隊感恩會報 市長感謝各界鼎力相助。網址：https://disaster.tainan.gov.tw/News_Content.aspx?n=13724&s=1907321，瀏覽於2019/5/26。

台積電（2015）。台積電2014年年報。網址：https://www.tsmc.com/download/ir/annualReports/2014/chinese/c_11_1.html，瀏覽於2019/5/17。

全球新聞（2013）。汶川與蘆山應急救援對比：救災效率明顯提高。

朱明（2014）。國軍一級開設 出動1439人救難。網址：https://www.storm.mg/article/34097。2014/8/1，瀏覽於2019/5/16。

朱鎮明（2005）。政策網絡中協力關係的成效：理論性的探討。公共行政學報，第17期，頁113-158。

自由時報（2016）。「無用武之地」 搜救總隊撤離，2月12日。網址：https://news.ltn.com.tw/news/focus/paper/957656，瀏覽於2019/3/20。

自由時報電子報（2016）。不讓救人？前消防署官員：搜救總隊根本不具資格。網址：https://news.ltn.com.tw/news/life/breakingnews/1603331。2016/2/16，瀏覽於2019/5/26。

何孟奎（2014）。高雄氣爆 中央地方互推管線責任。風傳媒。網址：https://www.storm.mg/article/34282。 2014/8/5，瀏覽於2019/5/17。

吳定（2003）。公共政策。新北市：空大出版社。

吳宗憲（2012）。台南市政府文官公共服務動機與工作滿意、工作努力意願之實證研究—以個人／組織配適度做為調節變項。公共行政學報，第43期，頁91-126。

吳杰穎、邵珮君、林文苑、柯于璋、洪鴻智、陳天健、陳亮全、黃智彥、詹士樑、

薩支平（2007），災害管理學辭典──二次災害。台北：五南。

呂育誠（2006）。網絡治理與治理網絡：政府變革的新課題。台灣民主季刊，第3卷第3期，頁207-212。

呂素麗、李義（2014）。16家醫院 救命總動員。中時電子報。網址：https://www.chinatimes.com/newspapers/20140802000914-260102?chdtv。2014/8/2，瀏覽於2019/5/16。

李心平（2016）。0206美濃地震災害概況。論文發表於台南市政府105年度災害防救國際研討會。台南：台南市政府消防局主辦，2016年9月28日。

李台京（2001）。公共行政與公民社會。政策研究學報，第1期，頁107-139。

李宗義、林宗弘（2013）。社會韌性與災後重建：汶川地震中的國家與地方社會。東亞研究，第44卷第2期，頁1-38。

李宗勳（2007）。政府業務委外經營：理論、策略與經驗。台北：智勝。

李宗勳（2013）。以公私協力建構社區災後重建回復力之個案研究。中央警察大學學報，第50期，頁1-27。

李宗勳（2017）。社區協力策略在大量傷患事件緊急救護的系統韌性。中央警察大學警察行政管理學報，第13期，頁91-117。

李秉乾、陳柏蒼（2016）。災害防救概論。收錄於陳柏蒼總編輯，災害管理與實務，頁5-27。台北：五南。

李長晏（2009）。協力治理觀的都會治理能力建構：一個分析架構的提出。府際關係研究通訊，第6期，頁7-12。

李長晏、馬彥彬、曾士瑋（2014）。從府際協力治理觀點探析我國地方政府二、三級災害防救運作問題及對策。中國地方自治，第67期第2卷，頁5-35。

李柏諭（2011）。跨部門治理的理論與實踐：以蓮潭國際文教會館的委外經驗為例。公共行政學報，第40期，頁42-77。

周湘斌、王健（2010）。非政府組織在賑災重建中的作用探析─基於什邡、綿竹地震災區的調查。北京科技大學學報（社會科學版），第26卷第2期，頁30-33、39。

林柏州、張鎧如（2015）。災害防救公務人員協力職能初探。行政暨政策學報，第60期，頁91-136。

林淑馨（2018）。協力神話的崩壞？我國地方政府與非營利組織的協力現況。公共行政學報，第55期，頁1-36。

侯俊彥（2016）。0206地震復原重建簡報。論文發表於台南市政府105年度災害防救國際研討會。台南：台南市政府消防局主辦，2016年9月28日。

袁庭堯（2019）。紀念氣爆殉職弟兄 新興分隊致敬舉動感人。中時電子報，網址：https://www.chinatimes.com/realtimenews/20190801003656-260405?chdtv。

2019/8/1，瀏覽於2019/8/2。

馬彥斌（2016）。防災體系及分工。收錄於陳柏蒼總編輯，災害管理與實務，頁85-118。台北：五南。

高雄市政府消防局石化氣爆專區（2014）。高雄市石化氣爆災害應變中心工作會議紀錄。網址：https://www.fdkc.gov.tw/fdkc_danger/index.php?page=news&NType=MQ==&danger_history=MTk=，瀏覽於2015/8/25。

張鎧如（2014）。回顧臺灣災害防救研究與組織協力理論之應用：以2000-2012年文獻分析。競爭力評論，第17期，頁69-88。

莊子壽（2015）。企業協助災後重建：台積電高雄氣爆救災實務。杜風電子報，第86期。網址：http://www.ntuce-newsletter.tw/vol.86/T4_08.html，瀏覽於2019/5/19。

陳志瑋（2004）。行政課責與地方治理能力的提昇。政策研究學報，第4期，頁23-45。

陳恆鈞（2002）。治理互賴與政策執行。台北：商鼎。

陳恆鈞（2008）。協力網絡治理之優點與罩門，研習論壇月刊，第92期，頁40-54。

陳淑文主編（2016）。高雄八一石化氣爆工作實錄。高雄：高雄市政府文化局。

陳淳文（2017）。釋憲趨勢與半總統制的制度韌性。政治科學論叢，第72期，頁1-56。

陳敦源（2002）。民主與官僚：新制度論的觀點。台北：韋伯。

陳敦源、張世杰（2010）。公私協力夥伴關係的弔詭。文官制度季刊，第2卷第3期，頁17-71。

陳慈忻（2013）。災難，然後：社會的韌性。網址：http://pansci.asia/archives/54428，瀏覽於2019/7/2。

彭狆、郭祖源、彭仲仁（2017）。國外社區韌性的理論與實踐進展。國際城市規劃，第32卷第4期，頁60-66。

曾冠球（2010）。「問題廠商」還是「問題政府」？電子化政府公私合夥協力困境之個案分析。公共行政學報，第34期，頁77-121。

曾冠球（2011）。協力治理觀點下公共管理者的挑戰與能力建立。文官制度季刊，第3卷第1期，頁27-52。

湯京平、蔡允棟、黃紀（2002）。災難與政治：九二一地震中的集體行為與災變情境的治理。政治科學論叢，第16期，頁137-162。

黃忠發、曾政勇、鍾舒安（2012）。政府與非政府組織於災害防救互動關條之分析——從非政府組織觀點。中華建築技術學刊，第9卷第1期，頁33-48。

詹中原（2004）。危機管理——理論架構。台北：聯經。

詹中原（2013）。減災策略在台灣：決策、社區、協力問責與信息。復旦公共行政評論，第10輯，頁76-79。

熊光華、吳秀光、葉俊興（2010）。台灣災難防救體系之變革分析，發表於8月17-18日兩岸公共治理論壇《公共行政、災難防救與危機管理》，台北：國立台北大學公共行政暨政策學系主辦。

監察院（2015）。糾正文案（編號：104財正0003號）。網址：https://www.cy.gov.tw/sp.asp?xdURL=./di/RSS/detail.asp&ctNode=871&mp=1&no=4361，瀏覽於2019/5/15。

監察院（2015）。調查報告（調查案號：104財調0004）。台北：監察院。網址：https://www.cy.gov.tw/sp.asp?xdUrl=./CyBsBox/CyBsR1.asp&mp=1&ctNode=910，瀏覽於2019/3/20。

劉宜君（2006）。公共網絡的管理與績效評估之探討。行政暨政策學報，第42期，頁107-141。

劉宜君（2010）。網絡管理的理論與實務之研究——以臺灣醫療觀光政策為例。台北：商鼎。

劉致昕（2016）。台南強震背後的無名英雄們。東森新聞雲（商業週刊）。網址：http://www.ettoday.net/news/20160218/649246.htm，瀏覽於2019/5/26。

劉麗雯、邱瑜瑾、陸宛蘋（2003）。九二一震災的救災組織動員與資源連結。中國行政評論，第12卷第3期，頁139-178。

潘穆娑、林貝珊、林元祥（2016）。韌性研究之回顧與展望。防災科學，第1期，頁53-78。

謝儲鍵、林煥笙、陳敦源（2016）。緊急災害管理中之協力網絡分析：以莫拉克風災災後的教育重建為例。行政暨政策學報，第62期，頁59-125。

顧忠華（1999）。公民社會與非營利組織：一個理論性研究的架構。亞洲研究，第26期，頁8-23。

蘋果日報（2014）。陳菊團隊撒謊 4高官請辭 怨遭抹黑 經長求去。網址：https://tw.appledaily.com/headline/daily/20140808/36009407/。2014/8/8，瀏覽於2019/5/17。

二、外文

Abbasi, A. and Kapucu, N. (2012). Structural dynamics of organizations during the evolution of interorganizational networks in disaster response. *Journal of Homeland Security and Emergency Management*, 9(1): 1-19.

Adams, T. M., and Anderson, L. R. (2019). *Policing in Natural Disasters: Stress, Resilience, and the Challenges of Emergency Management*. Philadelphia, PA: Temple University Press.

Agranoff, R. (1990). Responding to human crises: intergovernmental policy networks. In Robert. W. Gage and Myma. P. Mandell (eds.), *Strategies for managing intergovernmental policies and networks*, pp. 57-80. NY: Praeger publishers.

Agranoff, R., and McGuire, M. (2001). Big questions in public network management research. *Journal of public administration research and theory*, 11(3): 295-326.

Aldrich, D. P. (2012). *Building Resilience: Social Capital in Post-Disaster Recovery*. Chicago, IL: The University of Chicago Press.

Aldrich, D. P., and Meyer, M. A. (2015). Social capital and community resilience. *American behavioral scientist*, 59(2), 254-269.

Aldunce, P., and León, A. (2007). Opportunities for improving disaster management in Chile: a case study. *Disaster Prevention and Management*, 16(1): 33-41.

Ansell, C., and Gash, A. (2008). Collaborative governance in theory and practice. *Journal of Public Administration Research and Theory*, 18(4): 543-571.

Bang, Henrik P. and Eva Sorensen. (1999). The Everyday Maker: A New Challenge to Democratic Governance. *Administration Theory & Praxis*, 21(3): 325-341.

Bardach, E. (1998), Getting Agencies to Work Together, *Brookings Institute*, Washington, D.C.

Bardach, E., and Cara Lesser. (1996). Accountability in Human Services Collaborative-For What? And to Whom? *Journal of Public Administration Research and Theory*, 6(2): 197-224.

Barzelay, M. and F. Thompson. (2010). Back to the Future: Making Public Administration a Design Science. *Public Administration Review*, 70(S1): s295-s297.

Benson, C., J. Twigg, and M. Myers. (2001). NGO Initiatives in Risk Reduction: An Overview. *Disasters*, 25(3): 199-215.

Biddle, J. C., and Koontz, T. M. (2014). Goal specificity: A proxy measure for improvements in environmental outcomes in collaborative governance. *Journal of Environmental Management*, 145, 268-276.

Bier, V. M. (2006). Hurricane Katrina as a bureaucratic nightmare. In Daniels, R. J., Kettl, D. F., and Kunreuther, H. (Eds.), *On risk and disaster: Lessons from Hurricane Katrina* (pp. 243-254). Philadelphia: University of Pennsylvania Press.

Blankenship, K. M. (1998). A race, class and gender analysis. *Journal of Social Issues*. 54(2), Sum 98, 393-404.

Boin, A., L. K. Comfort, and C. C. Demchak. (2010). The Rise of Resilience. In L. K. Comfort, A. Boin, and C. C. Demchak (Eds.), *Designing Resilience: Preparing for Extreme Events*, pp. 1-12. PA: University of Pittsburgh Press.

Boin, Arjen, P. Hart, and S. Kuipers. (2018). The Crisis Approach. In H. Rodríguez, W. Donner and J. E. Trainor (eds.), *Handbook of disaster research.* (pp. 23-38). New York: Springer.

Bowen, G. L., and Martin, J. A. (1998). Community Capacity: A Core Component of the 21st Century Military Community. *Military Family Issues: Research Digest*, 2(3): 1-4.

Carr, L. J. (1932). Disaster and the sequence-pattern concept of social change. *American Journal of Sociology*, 38(2): 207-218.

Chowdhury, Md. M. R. (2011). Bridging the public-private partnership in Disaster Management in Bangladesh. In D. S. Miller and J. D. Rivera (eds.), *Community Disaster Recovery and Resilience*, pp. 395-422. NY: CRC Press.

Chris, M. M. S. (2009). Does leadership in networks matter. *Public Performance & Management Review*, 33: 34-62.

Comfort, L. K. (1994). Self-Organization in Complex Systems. *Journal of Public Administration Research and Theory*, 4(3): 393-410.

Comfort, L. K., A. Boin, and C. C. Demchak. (2010). *Designing Resilience: Preparing for Extreme Events*. PA: University of Pittsburgh Press.

Comfort, L. K., Sungu, Y., Johnson, D., and Dunn, M. (2001). Complex systems in crisis: Anticipation and resilience in dynamic environments. *Journal of contingencies and crisis management*, 9(3): 144-158.

Comfort, L. K., Waugh, Jr. W. and Cigler, B. A. (2012). Emergency management research and practice in public administration: emergence, evolution, expansion, and future directions. *Public Administration Review*, 72(4): 539-548.

Cruz, B. L., Aguilar Delgado, N., Leca, B., and Gond, J. P. (2016). Institutional resilience in extreme operating environments: The role of institutional work. *Business & Society*, 55(7): 970-1016.

Cutter, S. L., Barnes, L., Berry M., Burton, C., Evens, E. Tate, E. & Webb, J. (2008). A place-based model for understanding Community resilience to natural disaster. *Global Environmental Change*, 18(4): 598-606.

Czischke, D. (2007). A policy network perspective on Social Housing Provision in the European Union: the case of CECODHAS. *Housing, theory and Society*, 24(1): 63-87.

Dabson, B., Heflin, C., & Miller, K. (2012). *Regional Resilience: Research and Policy Brief*. NADO Foundation, US Economic Development Administration. Available at: http://labrr.org/assets/docs/175.pdf, accessed on Nov. 22, 2014.

Demiroz, F., and Kapucu, N. (2015). Cross-sector partnerships in managing disasters: experiences from the United States. In Takako Izumi and Rajib Shaw (eds.), *Disaster Management and Private Sectors: Challenges and Potentials,* pp. 169-186. Springer, Tokyo.

Djalante, R., and Lassa, S. (2019). Governing complexities and its implication on the Sendai Framework for Disaster Risk Reduction priority 2 on governance. *Progress in Disaster Science*. V. 2. https://doi.org/10.1016/j.pdisas.2019.100010.

Doe, P. J. (1994). Creating a resilient organization. *Canadian Business Review, Summer* 21(2): 22-26.

Emerson, K., and Nabatchi, T. (2015). *Collaborative governance regimes*. Georgetown University Press.

Emerson, K., Nabatchi, T., and Balogh, S. (2012). An integrative framework for collaborative governance. *Journal of Public Administration Research and Theory*, 22(1): 1-29.

Farazmand, A. (2007). Learning from the Katrina crisis: A global and international perspective with implications for future crisis management. *Public Administration Review*, 67: 149-159.

Fountain, J. E. (1994). Disciplining public management research. *Journal of Policy Analysis and Management*, 13(2): 269-277.

Gallopín, G. C. (2006). Linkages between vulnerability, resilience, and adaptive capacity. *Global environmental change*, 16(3): 293-303.

Geis, D. E. (2000). By design: the disaster resistant and quality-of-life community. *Natural Hazards Review*, 1(3): 151-160.

Getha-Taylor, H., Grayer, M. J., Kempf, R. J., and O'Leary, R. (2019). Collaborating in the Absence of Trust? What Collaborative Governance Theory and Practice Can Learn From the Literatures of Conflict Resolution, Psychology, and Law. *The American Review of Public Administration*, 49(1): 51-64.

Gil-Garcia, J. R., Guler, A., Pardo, T. A., and Burke, G. B. (2019). Characterizing the importance of clarity of roles and responsibilities in government inter-organizational collaboration and information sharing initiatives. *Government Information Quarterly*, https://doi.org/10.1016/j.giq.2019.101393.

Goldsmith, S., and Eggers, W. D. (2005). *Governing by network: The new shape of the public sector*. Washington, D.C.: Brookings Institution Press.

Grimsey, D. and M. K. Lewis. (2004). *Public private partnerships: The worldwide revolution in infrastructure provision and project finance*. Northampton, Mass.: Edward Elgar.

Guo, X. & Kapacu, N. (2015). Network Performance Assessment for Collaborative disaster response. *Disaster Prevention and Management*, 24(2): 201-220.

Hartley, J. (2005). Innovation in Governance and Public Services: Past and Present. *Public Money & Management*, 25(1): 27-34.

Head, B. W., and Alford, J. (2015). Wicked problems: Implications for public policy and management. *Administration & Society*, 47(6): 711-739.

Herranz Jr, J. (2006). *Network management strategies*, Working Paper No. 2006-01. Seattle, WA: Daniel J. Evans School of Public Affairs, University of Washington.

Holling, C. S. (1973). Resilience and stability of ecological systems. *Annual review of ecology and systematics*, 4(1): 1-23.

Huxham, C., Vangen, S., Huxham, C., and Eden, C. (2000). The challenge of collaborative governance. *Public Management: An International Journal of Research and Theory*, 2(3): 337-358.

ICLEI (2019). *ICLEI Local Governments for Sustainability*. Website: http://kcc.iclei.org/tw/home.html, accessed on May 22, 2019.

Imperial, M. T., Johnston, E., Pruett Jones, M., Leong, K., and Thomsen, J. (2016). Sustaining the useful life of network governance: life cycles and developmental challenges. *Frontiers in Ecology and the Environment*, 14(3): 135-144.

Izumi, T., and Shaw, R. (2015). Overview and Introduction of the Private Sector's Role in Disaster Management. In Izumi, T., and Shaw, R. (eds.), *Disaster Management and Private Sectors. Challenges and Potentials*. Tokyo, Japan: Springer.

Jedd, T., and Bixler, R. P. (2015). Accountability in Networked Governance: Learning from a case of landscape scale forest conservation. *Environmental Policy and Governance*, 25(3): 172-187.

Johnson, D. A. K. and Yoshiko Abe. (2015). Global Overview on the Role of the Private Sector in Disaster Risk Reduction: Scopes, Challenges, and Potentials. In Izumi, T., and Shaw, R. (eds.), *Disaster Management and Private Sectors. Challenges and Potentials*. Tokyo, Japan: Springer.

Johnston, E. W., Hicks, D., Nan, N., and Auer, J. C. (2010). Managing the inclusion process in collaborative governance. *Journal of Public Administration Research and Theory*, 21(4): 699-721.

Jung, K. (2017). Sources of organizational resilience for sustainable communities: An institutional collective action perspective. *Sustainability*, 9(7): 1141.

Kapucu, N. (2007). Non-profit response to catastrophic disasters. *Disaster Prevention and Management: An International Journal*, 16(4): 551-561.

Kapucu, N. (2008). Collaborative emergency management: better community organising, better public preparedness and response. *Disasters*, 32(2): 239-262.

Kapucu, N., and Garayev, V. (2011). Collaborative decision-making in emergency and disaster management. *International Journal of Public Administration*, 34(6): 366-375.

Kapucu, N., and Garayev, V. (2013). Designing, managing, and sustaining functionally collaborative emergency management networks. *The American Review of Public Administration*, 43(3): 312-330.

Kapucu, N., and Hu, Q. (2016). Understanding multiplexity of collaborative emergency management networks. *The American Review of Public Administration*, 46(4): 399-417.

Kapucu, N., Arslan, T., and Collins, M. L. (2010). Examining intergovernmental and interorganizational response to catastrophic disasters: Toward a network-centered approach. *Administration & Society*, 42(2): 222-247.

Kapucu, N., Arslan, T., and Demiroz, F. (2010). Collaborative emergency management and national emergency management network. *Disaster Prevention and Management: An International Journal*, 19(4): 452-468.

Kapucu, N., Augustin, M. E., and Garayev, V. (2009). Interstate partnerships in emergency management: Emergency management assistance compact in response to catastrophic disasters. *Public Administration Review*, 69(2): 297-313.

Kapucu, N., Yuldashev, F., and Bakiev, E. (2009). Collaborative public management and collaborative governance: Conceptual similarities and differences. *European Journal of Economic and Political Studies*, 2(1): 39-60.

Kapucu, N., Yuldashev, F., and Feldheim, M. A. (2018). Nonprofit Organizations in Disaster Response and Management: A Network Analysis. *Journal of Economics and Financial Analysis*, 2(1): 69-98.

Kasperson J. X, Kasperson R. E., Turner, B. L. (1995). *Regions at risk: Comparisons of Threatened Environments*. Tokyo: United Nations University Press. Website: http://archive.unu.edu/unupress/unupbooks/uu14re/uu14re04.htm#key concepts and issues. Retrieved on April 26, 2019.

Kazancigil, Ali. (1998). Governance and Science: Market-like Modes of Managing Society and Producing Knowledge. *International Social Science Journal*, 50(155): 69-79.

Keast, R. and M. P. Mandell. (2009). What is Collaboration? In *ARACY Advancing Collaboration Practice* (pp. 1-3) [Fact Sheet]. Canberra: Australian Research Alliance for Children and Youth.

Kenney, Douglas S. (2001). Are community watershed groups effective? Confronting the thorny issue of measuring success. In: Brick, Philip, Snow, Donald, Van DeWetering, Sarah (Eds.), *Across the Great Divide: Explorations in Collaborative Conservation and the American West*. Island Press, Washington D.C, pp. 188-193.

Kettl, D. F. (1993). *Sharing Power: Public Governance and Private Markets*. Washington, D. C.: The Brookings Institution.

Khoshdel, M. K., and Bakhshan, Y. (2015). Measuring Willingness to Participate and the Factors Affecting Citizen Participation (Case Study on Citizens in the 20th Municipal District of Tehran). *Mediterranean Journal of Social Sciences*, 6(3 S2), 155.

Kickert, W. J., E. H. Klijn, and J. F. M. Koppenjan. (1999). *Managing complex networks: strategies for the public sector*. CA: Sage.

Kim, S., and Lee, H. (2006). The impact of organizational context and information technology on employee knowledge-sharing capabilities. *Public Administration Review*, 66(3), 370-385.

Klijn, E. H., Steijn, B., and Edelenbos, J. (2010). The impact of network management on outcomes in governance networks. *Public Administration*, 88(4), 1063-1082.

Klijn, E. H., Ysa, T., Sierra, V., Berman, E., Edelenbos, J., and Chen, D. Y. (2015). The influence of network management and complexity on network performance in Taiwan, Spain and the Netherlands. *Public Management Review*, 17(5): 736-764.

Koliba, C. J., Mills, R. M., and Zia, A. (2011). Accountability in governance networks: An assessment of public, private, and nonprofit emergency management practices following hurricane Katrina. *Public Administration Review*, 71(2): 210-220.

Kooiman, J. (1993). Governance and Governability: Using Complexity, Dynamics, and Diversity. In J. Kooiman (ed.), *Modern Governance: New Government - Society Interactions*, pp. 35-48. Newbury Park, CA: Sage Publications.

Koontz, Tomas M., Thomas, Craig W. (2006). What do we know and need to know about the environmental outcomes of collaborative management? *Public Administration Review*, 66 (6): 109-119.

Koppenjan, J. F. M., and Klijn, E. H. (2004). *Managing uncertainties in networks: a network approach to problem solving and decision making*. London: Routledge.

Kuo, M. F., Wang, C. Y., Chang, Y. Y., and Li, T. S. (2015). Collaborative disaster management: Lessons from Taiwan's local governments. In *The road to collaborative governance in China* (pp. 147-170). Palgrave Macmillan, New York.

Lanzara, G. F. (1983), Ephemeral organizations in extreme environments: emergence, strategy, extinction. *Journal of Management Studies*, 20(1): 71-95.

Laumann, E. O., L. Galskeiwicz, and P. V. Marsden. (1978). Community Structure as Interorganizational Linkages. *Annual Review of Society*, 4: 455-84.

Lengnick-Hall, C. A., and Beck, T. E. (2016). Resilience capacity and strategic agility: Prerequisites for thriving in a dynamic environment. In Nemeth, C. P., E. Hollnagel, and S. Dekker (eds.), *Resilience Engineering Perspectives: Preparation and Restoration,* Volume 2 (pp. 61-92). NY: CRC Press.

Lerbinger, O. (1997). *The Crisis Manager: Facing Risk and Responsibility*. Mahwah, NJ: Lawrence Erlbaum Associates.

Lindell, M. K., Prater, C., and Perry, R. W. (2007). *Introduction to emergency management*. NJ: John Wiley & Sons.

Luton, L. S. (2010). *Qualitative Research Approaches for Public Administration*. NY: M.E. Sharpe.

Manyena, S. B. (2006). *The Concept of Resilience Revisited. Disasters*, 30(4): 434-450.

Manyena, S. B. (2014). Disaster Resilience: A Question of 'Multiple faces' and 'Multiple Spaces'?. *International Journal of Disaster Risk Reduction*, 8, pp. 1-9.

Mayer, M., and Kenter, R. (2015). The prevailing elements of public-sector collaboration. In Morris, J. C., and Miller-Stevens, K. (Eds.), *Advancing Collaboration Theory* (pp. 63-84). NY: Routledge.

McCreight, R. (2010). Resilience as a Goal and Standard in Emergency Management. *Journal of Homeland Security and Emergency Management,* 7(1). DOI: 10.2202/1547-7355.1700.

McGuire M. (2006). Collaborative public management: Assessing what we know and how we know it. *Public Administration Review*. Special Issue: 33-43.

McGuire, M. (2002). Managing networks: Propositions on what managers do and why they do it. *Public Administration Review*, 62(5): 599-609.

McGuire, M. (2011). Network Management. In Bevir, M. (ed.), *The Sage Handbook of Governance*, pp. 436-453. Thousand Oaks, CA: SAGE Publications Inc.

McGuire, M., and Agranoff, R. (2011). The limitations of public management networks. *Public Administration*, 89(2): 265-284.

McGuire, M., and Agranoff, R. (2013). Network Management Behaviors. In R. Keast, M.

P. Mandell, and R. Agranoff (eds.), *Network Theory in the Public Sector: Building New Theoretical Frameworks*. NY: Routledge.

McNamara, M. W. (2015). Unraveling the Characteristics of Mandated Collaboration. In Morris, J. C., and Miller-Stevens, K. (Eds.). *Advancing collaboration theory: Models, typologies, and evidence*. NY: Routledge.

Medury, U. (2011). Building disaster-resilient communities: The public-private partnership approach. In D. S. Miller and J. D. Rivera (eds.), *Community Disaster Recovery and Resilience*, pp. 423-445. NY: CRC Press.

Moynihan, D. P. (2009). The network governance of crisis response: Case studies of incident command systems. *Journal of Public Administration Research and Theory*, 19(4): 895-915.

Mushkatel, A. H. and Weschler, L. F. (1985) Emergency management and the intergovernmental system. *Public Administration Review*, vol. 45, Special Issue: 49-56.

National Research Council (NRC) & Geographical Sciences Committee. (2011). *Building community disaster resilience through private-public collaboration*. Washington, D.C.: National Academies Press.

National Research Council (NRC). (2010). *Private-Public Sector Collaboration to Enhance Community Disaster Resilience: A Workshop Report*. Washington, D.C.: The National Academies Press.

Network Impact and Center for Evaluation Innovation. (2014). *The State of Network Evaluation-A Guide*. Website: http://www.networkimpact.org/the-state-of-network-evaluation-a-guide/. accessed on Mar. 21, 2018.

Neuman, W. Lawrence. 1994. *Social Research Methods: Qualitative and Quantitative Approaches*. Boston, MA: Allyn and Bacon.

Noran, O. (2014). Collaborative disaster management: An interdisciplinary approach. *Computers in Industry*, 65(6): 1032-1040.

Norris, F. H., Stevens, S. P., Pfefferbaum, B., Wyche, K. F., and Pfefferbaum, R. L. (2008). Community resilience as a metaphor, theory, set of capacities, and strategy for disaster readiness. *American journal of community psychology*, 1(1-2): 127-150.

O'Leary, R., B. Gazley, M. McGuire, and L. B. Bingham. (2009). Public Manager in Collaboration. In R. O'Leary, and L. B. Bingham (Eds.), *The Collaborative Public Manager: New Ideas for the Twenty-First Century* (pp. 1-14). Washington, DC: Georgetown University Press.

Olson, M. (1965). *The Logic of Collective Action*. Cambridge, MA: Harvard University Press.

O'Toole Jr., L. J. (1997). Treating networks seriously: Practical and research-based agendas in public administration. *Public administration review*, 57(1): 45-52.

O'Toole Jr., L. J. & Meier, K. J. (1999). Modeling the Impact of Public Management: Implications of Structural Context. *Journal of Public Adminiseration Research and Theory*, 9(4): 505-526.

Pardo, T. A., Gil-Garcia, J. R. & Luna-Reyes, L. F. (2010). Collaborative Governance and Cross-Boundary Information Sharing: Envisioning a Networked and IT-Enabled Public Administration. In R. O'Leary, D. M. Van Slyke & Kim (eds.), *The Future of Public Administration around the World: The Minnowbrook Perspective*, pp. 1-24. Washington, D. C.: Georgetown University Press.

Parsons, M., Glavac, S., Hastings, P., Marshall, G., McGregor, J., McNeill, J., Morley, P., Reeve, I. and Stayner, R. (2016). Top-down assessment of disaster resilience: A conceptual framework using coping and adaptive capacities. *International Journal of Disaster Risk Reduction*, 19: 1-11.

Prince, S. H. (1920). *Catastrophe and social change, based upon a sociological study of the Halifax disaster* (No. 212-214). NY: Columbia University.

Provan, K. G., and Kenis, P. (2008). Modes of network governance: Structure, management, and effectiveness. *Journal of Public Administration Research and Theory*, 18(2): 229-252.

Quarantelli, E. L. (1982). General and particular observations on sheltering and housing in American disasters. *Disasters*, 6(4): 277-281.

Quarantelli, E. L. (1987). Presidential Address: What Should We Study? Questions about the Concept of Disasters. *International Journal of Mass Emergencies and Disasters*, 5(1): 7-32.

Quarantelli, E. L. (1988). Disaster crisis management: A summary of research findings. *Journal of Management Studies*, 25(4): 373-385.

Rethemeyer, R. K., and Hatmaker, D. M. (2008). Network management reconsidered: An inquiry into management of network structures in public sector service provision. *Journal of Public Administration Research and Theory*, 18(4): 617-646.

Rhodes, R. A. W. (1988). *Beyond Westminster and Whitehall: The Sub-Central Government of Britain*. London: Unwin-Hyman.

Rhodes, R. A. W. (1996). The New Governance: governing without government. *Political Studies*, 44(4): 652-667.

Rienstra, D. (1999). The cost of humanitarian aid – are tax payers getting value for money?, *Humanitarian Affairs Review*, no. 4, Winter, pp. 20-27, 29.

Roggema, R. (2016). Toward Enhanced Resilience in City Design: A proposition. In Et-ingoff, K. (ed.), *Ecological Resilience: Response to Climate Change and Natural Disasters*. Boca Raton, FL: Apple Academic Press.

Ronan, K. R. & Johnston, D. M. (2010). *Promoting community resilience in disasters: The role for schools, youth, and families*. NY: Springer Science Business Media, Inc..

Rosenau, J. N. and Ernst-Otto Czempiel. (1992). *Governance without government: order and change in world politics*: Cambridge University Press.

Rosenthal, U. and A. Kouzmin. (1997). Crises and Crisis Management: Toward Compre-hensive Government Decision Making. *Journal of Public Administration Research and Theory*, 7(2): 277-304.

Ross, A. D. (2013). *Local disaster resilience: Administrative and political perspectives*. NY: Routledge.

Rubin, C. B. and D. G. Barbee. (1985). Disaster recovery and hazard mitigation: bridg-ing the intergovernmental gap. *Public Administration Review*, vol. 45. Special Is-sue: 57-63.

Salamon, L. M. (2002). The New Governance and the Tools of Public Action: An In-troduction, in L. M. Salamon (ed.), *The Tools of Government: A Guide to the New Governance*, New York: Oxford University Press.

Samuels, R. J. (2013). *3.11: Disaster and change in Japan*. NY: Cornell University Press.

Schneider, S. K. (2011). *Dealing with Disaster: Public Management in Crisis Situation*. NY: M.E. Sharpe.

Skelcher, C., Mathur, N., and Smith, M. (2005). The public governance of collaborative spaces: Discourse, design and democracy. *Public Administration*, 83(3): 573-596.

Sørensen, E., and Torfing, J. (2017). Metagoverning collaborative innovation in gover-nance networks. *The American Review of Public Administration*, 47(7): 826-839.

Spekkink, W. A., and Boons, F. A. (2015). The emergence of collaborations. *Journal of Public Administration Research and Theory*, 26(4): 613-630.

Steijn, B., Klijn, E. H., and Edelenbos, J. (2011). Public private partnerships: Added value by organizational form or management?. *Public Administration*, 89(4): 1235-1252.

Stivers, C. (2008). *Governance in dark times: practical philosophy for public service*. Washington, D.C.: Georgetown University Press.

Stoker, G. (1998). Governance as Theory: Five Propositions. *International Social Sci-*

ence Journal, 50(155): 17-28.

Sudmeier-Rieux, K. I. (2014). Resilience–an emerging paradigm of danger or of hope?. *Disaster Prevention and Management*, 23(1): 67-80.

Tierney, K. J. (2014). *The social roots of risk: producing disasters, promoting resilience*. CA: Stanford University press.

Trim, P. R. (2004). An integrative approach to disaster management and planning. *Disaster Prevention and Management: An International Journal*, 13(3): 218-225.

United Nations (UN) (2015). General Assembly 69/283, *Sendai Framework for Disaster Risk Reduction 2015-2030*. Website: https://www.preventionweb.net/files/resolutions/N1516716.PDF, accessed on Jan. 15, 2016.

UNISDR (United Nations, International Strategy for Disaster Reduction). (2004). *Terminology: Resilience*. Website: http://www.eird.org/esp/education2/we/inform/terminology/html, accessed on Mar. 5, 2019.

UNISDR (United Nations, International Strategy for Disaster Reduction). (2013). *Chair's Summary, Global Platform for Disaster Risk Reduction*. Website: http://www.preventionweb.net/files/33306_finalchairssummaryoffourthsessionof.pdf, accessed on July 30, 2014.

UNISDR (United Nations, International Strategy for Disaster Reduction). (2014). *2nd Announcement of 3rd World Conference on Disaster Risk Reduction*. Website: http://www.wcdrr.org/documents/wcdrr/WCDRR_Second_Announcement.pdf, accessed on Nov. 20, 2014.

UNISDR (United Nations, International Strategy for Disaster Reduction). (2014). *Proposed Elements for Consideration in the Post 2015 Framework for Disaster Risk Reduction*. Website: http://www.preventionweb.net/files/35888_srsgelements.pdf, accessed on Nov. 22, 2014.

UNISDR (United Nations, International Strategy for Disaster Reduction). (2015). *Sendai Framework for Disaster Risk Reduction 2015-2030*. Website: https://www.unisdr.org/we/coordinate/sendai-framework, accessed on May 30, 2019.

Wang, C. Y., and Kuo, M. F. (2017). Strategic styles and organizational capability in crisis response in local government. *Administration & Society*, 49(6): 798-826.

Waugh Jr., W. and G. Streib. (2006). Collaboration and Leadership for Effective Emergency Management. *Public Administration Review*, 66(SI): 131-140.

Wheatley, M. J., and Kellner-Rogers, M. (1996). Self-organization: The irresistible future of organizing. *Strategy & Leadership*, 24(4): 18-24.

Wildavsky, A. B. (1988). *Searching for safety*. London: Transaction publishers.

Willem, A., and Buelens, M. (2007). Knowledge sharing in public sector organizations: The effect of organizational characteristics on interdepartmental knowledge sharing. *Journal of Public Administration Research and Theory*, 17(4): 581-606.

Williams, A. P. (2015). The development of collaboration theory: Typologies and systems approaches. In Morris, J. C., and Miller-Stevens, K. (Eds.), *Advancing Collaboration Theory* (pp. 34-62). Routledge.

Yoon, D. K., Kang, J. E., and Brody, S. D. (2016). A measurement of community disaster resilience in Korea. *Journal of Environmental Planning and Management*, 59(3): 436-460.

Zolli, A. and A. M. Healy. (2012). *Resilience: Why Things Bounce Back*. NY: Simon and Schuster Paperbacks.

國家圖書館出版品預行編目資料

協力災害治理：韌性系統建構與網絡管理策略
／王俊元著. －－初版.－－臺北市：五南,
2019.09
　面； 公分
ISBN 978-957-763-668-3（平裝）

1.災難救助　2.災害應變計畫

575.87　　　　　　　　　108015583

1PTK

協力災害治理：
韌性系統建構與網絡管理策略

作　　者 — 王俊元（7.5）

發 行 人 — 楊榮川

總 經 理 — 楊士清

總 編 輯 — 楊秀麗

副總編輯 — 劉靜芬

責任編輯 — 黃郁婷、呂伊真、李孝怡

封面設計 — 王麗娟

出 版 者 — 五南圖書出版股份有限公司

地　　址：106台北市大安區和平東路二段339號4樓

電　　話：(02)2705-5066　　傳　　真：(02)2706-6100

網　　址：http://www.wunan.com.tw

電子郵件：wunan@wunan.com.tw

劃撥帳號：01068953

戶　　名：五南圖書出版股份有限公司

法律顧問　林勝安律師事務所　林勝安律師

出版日期　2019年 9 月初版一刷

定　　價　新臺幣280元